はじめての人のための

らくらくマルセイユタロット入門

藤森 緑

説話社

はじめに

　説話社にて『はじめての人のためのらくらくタロット入門』を出版してから、14年以上が経過しました。その間にも、私自身は通信講座を受け持ったり、トートタロットの解説本を出版したりと、タロット占いの経験と知識を積み重ねてきました。そしてようやく、世界で2番目に人気があるといわれる、マルセイユタロットにたどり着いたのです。

　ウェイト版タロットの解説本は山のように出ていますが、マルセイユタロットの解説本は、あまり見かけないのが現状です。あっても小アルカナの記載がなかったり、専門知識が中心で占いに使いにくかったり、オリジナルの要素が強すぎたり……という印象があります。巷にあふれているウェイト版のような「手に取って、すぐに占える」という本が少ないのが、日本における現状でしょう。

　それは、マルセイユタロットにベースとなる情報が非常に少ないこと、そして数札の読み取り方が難しいことが、大きな理由だと考えられます。そのハードルを下げるべく、専門的な解説は最小限にした、マルセイユタロットの初心者向けの本の出版に踏み切りました。

　有り難いことに、『はじめての人のためのらくらくタロット入門』、『続はじめての人のためのらくらくタロット入門』は、未だに重版を重ね続けています。そのらくらくシリーズに、本書のマルセイユ版を加えることにしたのです。

　この本を手にすれば、すぐにでもマルセイユタロットで占うことができます。引き出しの中に眠らせているデッキを手にして、気軽に占いを始めましょう！

Chapter 3 | 小アルカナ解説編 37

Chapter 4 | 実占編　85

Chapter1

マルセイユタロットの解説編

LE BATELEUR
THE MAGICIAN

マルセイユタロットとは

マルセイユタロットとは、主にフランスで作成されている、すべてのタロットの中でも非常に長い歴史を持つタロットデッキです。

古くから存在しているデザインを元に、似たようなデザインのデッキが複数製作・販売され、それらをすべてまとめてマルセイユタロットと呼んでいます。そして現在でも、マルセイユタロットに準拠した新しいデッキが、世界中で次々と生み出されています。その中で現在最も人気があるものといえば、本書で使用しているグリモー社のデッキが挙げられます。

その大きな特徴は、シンプルでパキッとした雰囲気を持つ絵柄でしょう。木版画の特徴をそのまま活かし、白く残した背景の中に、黒色で太くはっきりとした線が描かれ、赤色、青色、黄色の原色が中心に塗られ、メリハリの利いた雰囲気を醸し出しています。テーブル上にカードを展開すると、気が引き締まるような思いがするのです。好きな人と苦手な人が、明確に分かれるデザインだといえるかもしれません。

古くからのデザインをそのまま残していることから、他のデッキと比べると、小アルカナの数札に大きな特徴が見られます。ウェイト版など他のデッキの数札には大抵、具体的な場面が描かれています。しかしマルセイユタロットの数札は、ただスートのシンボルがその数だけ並べられている……という単調なデザインなのです。その点だけを見ても、マルセイユタロットの歴史の長さが感じられるでしょう。

このように、タロットの歴史を忠実に表現しているこのデッキは、タロットの世界の源泉の一端を担っています。シンプルで目立たないように見えて、重要な役割を持つタロットであるといえるのです。

マルセイユタロットの歴史

　マルセイユタロットのベースになったデザインは、15世紀末頃に製作されたといわれています。印刷技術が未発達の時代であるため、残存している資料が少なく、誰がこのデザインを考案・制作したのかはわかっていません。デザインの制作者が不明であることから、何故この絵柄が選ばれたのか、そして、それぞれの絵柄にどのような意味や意図があるのか……ということが、何もわからない状況となっています。

　ベースのデザインを元に、実際にマルセイユタロットのデッキが製作されたのは、16世紀頃のことです。しかしその目的は占いではなく、カードゲームでの使用でした。ゲーム上ではカードに振られた番号の数が多いほど強いとされ、大アルカナでは1番の「奇術師」が最も弱く、21番の「世界」が最も強いカードである……と設定されていたようです。

　マルセイユタロットが、ようやく占いで使われるようになったのは、タロットと神秘思想が結びつけられるようになった18世紀以降です。マルセイユタロットが生まれてから、実に200年も先の話になります。このように、ゲーム目的で製作されたマルセイユタロットのデザインは、深い意味を持つもののように見えて、実は神秘的な意味を込めて制作されたものではありませんでした。もちろん、各カードの占い上の意味や占い方も、一切存在していなかったのです。

　1930年に、グリモー社がマルセイユタロットのデザインを見やすく修正して出版し、マルセイユタロットは人々が手に取りやすいデッキになりました。存在していなかった各カードの占い上の意味は、デッキに同封されているグリモー社が製作した小冊子に、記載されています。本書では、このグリモー社記載の意味を基準にして、各カードの意味を展開していきます。

マルセイユタロットの占いの特徴

　タロット占いは大変自由度が高く、何かのマニュアルに沿うことなく、展開されたカードを個人個人が思いのままに読んでも問題ない占術です。解説本を一切持っていなくても、ただカードの絵柄を眺めて、浮かぶ意味を重視する……それが本来の占いであるとすらいえるでしょう。

　ただし、いきなり無の状態で意味を読み取ろうとしても、大抵の人は戸惑ってしまうものです。先に基本的な読み方を知っておくことは、素早く占いを習得できる上に、感情に振り回されることなく安定してカードを読むことにつながります。本書を含めた解説本は、そうした取っ掛かりを作るための手段です。

　一番に売れているウェイト版とマルセイユタロットを比べてみると、一部のカードを除き、大アルカナとコートカードが持つ意味には大差はありません。しかし、小アルカナの数札が持つ意味は、大幅に変わっています。それは、ウェイト版が持つ数字の出所が、神秘思想「カバラ生命の樹」であるのに対して、マルセイユタロットが持つ数字の出所は、また別になっているためです。明記はありませんが、キリスト教の教義に関連しているのではないかと考えています。例えば、ウェイト版の各スートの6はポジティブな意味が強いですが、マルセイユタロットの6には、非常にネガティブな意味が付与されています。キリスト教では7を完全数として崇拝し、それにひとつ足りない6は不完全な数とされているのです。

　小冊子には、カードの逆位置の意味が掲載されていません。上下左右が対称で正位置と逆位置の判別ができない数札も、かなりの数が存在しています。そうしたことから、マルセイユタロットは逆位置を採用

しないデッキであるといえます。その分、各カードの意味がポジティ
ブかネガティブかに、明確に分かれている点も特徴です。

　ウェイト版に慣れている人にとっては、また一から数札の意味を覚
え直すのは至難の業（わざ）でしょう。ウェイト版が持つ意味をそのままマル
セイユタロットでも使いたいのであれば、そう決めて占っても問題あ
りません。それだけタロット占いは、柔軟性を持っているのです。

　しかし、数札の絵柄と意味をリンクさせるためには、マルセイユタ
ロットが独自に持つ意味を重視されることをお勧めします。その方が
絵柄と矛盾（むじゅん）なく、スムーズに読み取ることができます。

本書では多くの人が所持していると思われる、グリモー社の英語版
マルセイユタロットを使用していますが、既に絶版になっています。
色使いなど微妙な違いはありますが、他の版のマルセイユタロット
でも問題なく対応できますので、これからご購入される方は、お好
きなマルセイユタロットをご用意の上、本書をご活用ください。

ウェイト版の無限大マークとの関連

　ウェイト版の大アルカナの「魔術師」と「力」の人物の頭上に、無限大のマークが描かれていることをご存じの人も多いでしょう。私自身は著書や通信講座の中で、「このマークは『永遠』を示し、魂の成長を求め続けることを表している」などと説明させていただいています。

　本書に掲載しているカードをご覧いただくとわかるように、マルセイユタロットの「奇術師」と「力」の人物の頭には、無限大マークの形に似た、つばが広い帽子が載っています。

　ウェイト版のイラストを制作した画家、パメラ・コールマン・スミスは、自身の著作などを一切残していません。ですから真意は確かめられませんが、ほぼ間違いなくマルセイユタロットに描かれているこの帽子を、無限大マークに描き換えたのだろうと推測できます。

　中世ヨーロッパでは帽子が流行していたため、マルセイユタロットの中の多くの人物が、帽子を着用しています。もともとマルセイユタロットの作画家は、単なる大きな帽子を描いただけであり、それが無限大を示すとは露ほども思っていなかったのではないでしょうか。それが後継者により、こうして新しい意味を加えられているのです。

　このように、大流行しているウェイト版タロットにも、マルセイユタロットの面影が残っています。無限大マークは、その一例であるといえるでしょう。

Chapter 2
大アルカナ解説編

LE MAT
THE FOOL

奇術師
LE BATELEUR

LE BATELEUR
THE MAGICIAN

| イメージ・フレーズ | 知性と能力を駆使し 何かを創り出す |

| カードが持つ意味 | 創造力、無から生み出す、工夫、迅速さ、決断力、若さ、単独行動 |

　若い奇術師が、人々の前で奇術を披露しています。その表情は明るく、重ねてきた練習の成果を見せることに喜びを感じているかのようです。それだけ強い自信を持っているのでしょう。頭に載せた無限大のマークにも似た大きな帽子から、この若者の可能性が制限なく広がる様子がイメージできます。

　左手には棒を、右手には金貨を持ち、テーブルの上には小さな剣や聖杯、それらを収めるバッグなどが、ところ狭しと並べられています。ここには四元素を象徴する小アルカナのスートが、すべてそろっているのです。奇術師はその四元素を巧みに操り、人々が想像もしないまったく新しい何かを創り出し、驚かせます。

　マルセイユタロットが持つ数字の1には、「高い知性」という意味があります。鋭い知性と能力を携えた奇術師の創造は、人々の前で瞬時に行われます。それは機転が利き、瞬発力に優れているからこそでしょう。

　この奇術師の性質のように、このカードには創造的な知性と能力を発揮し、新たな何かを創り出す……という意味があります。若いエネルギーの象徴でもあり、それは瞬発力や迅速力、決断力、根拠のない自信を持つことなども引き出します。番号が1であることからも、誰にも頼らず1人で活動する場面が多いでしょう。それだけ奇術師には、すべてを統合する力があるということです。

女教皇
LA PAPESSE

LA PAPESSE
THE HIGH PRIESTESS

イメージ・フレーズ
知識や教義に沿って
忍耐強く慎重に動く

カードが持つ意味
知識、学問、思慮深さ、慎重さ、忍耐、直感力、秘密、謎めいたこと

　花模様がついた冠を載せ、聖書のような書物を手にして、静かに腰かけている女教皇。冠は5番の「教皇」と似たデザインですが、よく見ると三重冠ではなく二重冠になっています。これは、マルセイユタロットが持つ数字の2が示す、天と地、精神と肉体などの「二元性」という意味を象徴しているためです。

　書物を広げている女教皇は、眉をひそめて険しい顔つきであり、そこからは同情心や愛情、優しさを感じ取ることはできません。人情より、知識や教義、規律を重視しているのでしょう。感情を律して教えにしたがう、強い義務感と忍耐力を持つ人物なのです。

　周りから表情が見えないように、頭の周辺は上から垂れるベールで被われ、そこから女教皇の慎重さがうかがえます。視界が狭くて活動しにくい状態であり、静かな世界で忍耐強く学問に取り組んだり、哲学的な思考を繰り返したりしているのでしょう。知力や思考力が勝っている分、行動力には欠ける状態なのです。

　高い知性を持つ女教皇ですが、ときには知識よりも降ってくる直感にしたがい、何かを決断することもあるでしょう。

　この女教皇の性質のように、このカードには知識や学問、思考力、直感力、思慮深さや忍耐、義務感という意味があります。ベールで顔を隠していることから、秘密や謎めいたことを表す場合もあります。

女帝
L'IMPÉRATRICE

L'IMPÉRATRICE
THE EMPRESS

イメージ・フレーズ }手腕で生産・繁殖させ
物質的な豊かさを築く

カードが持つ意味 }生産力、繁殖力、野心、仕事の成功、手腕、明晰さ、妊娠

　威風堂々とした雰囲気を持つ女帝が、玉座に深く腰かけています。左手に持つ笏には、地球と十字架を組み合わせた帝国宝珠が乗り、キリスト教における権威があることを表しています。右手に抱える盾には、ヨーロッパで古くから伝わる、王権を象徴する鷲の紋章が描かれています。頭には輝く冠を載せ、その権力の強さがひと目でわかります。

　女性らしいふくよかな体つきでありながら、いかつい表情を見せ、その両足は少し開かれていて、男性的なエネルギーを醸し出しています。ただジッと座っているのではなく、国を治めることに野心を燃やし、明晰さと手腕を駆使してエネルギッシュに活動しているのでしょう。

　マルセイユタロットが持つ数字の3は、「繁殖性、生産力」という意味を持ちます。女帝のその大胆な行動力により、さまざまなものが生産されます。女性であることから、出産という究極の繁殖力も持っているのです。

　この女帝の性質のように、このカードには野心を燃やして手腕を発揮し、何かを生産して繁殖させていく……という意味があります。それは結果的に、経済的、物質的な豊かさを生み出します。

　その大胆さの裏に、偉大な母親というグレートマザーの役割も担っています。生み出すだけではなく、それを育むこと……それは次の生産と繁殖につながっていくのです。

皇帝
L'EMPEREUR

| イメージ・フレーズ | 行動と計画でつかむ 揺るぎない成功 |

| カードが持つ意味 | 計画の実現、積み重ねによる成功、権威、権力者、強固さ、防衛 |

　屋外に置かれた簡素な造りの椅子に、浅く腰かけている皇帝が描かれています。3番の女帝と同じく、皇帝はキリスト教での権威を示す帝国宝珠が乗った笏を手にしています。しかし鷲の紋章が描かれた盾は手にせず、皇帝の足元に置かれています。そこから身を守ることより攻撃を重視していることが、イメージできるでしょう。

　その上に地面にしっかりと足をついているのは、何かあればとっさに動けるようにしているためです。この皇帝はただ考えるだけではなく、常に積極的に活動しながら、世の中を統治しているのです。それも無謀さはなく計画的で、頭に乗せた重厚感のある兜や足元の盾により、防衛することも忘れません。

　他のデッキの「皇帝」は、安定のイメージがあります。しかし、マルセイユタロットが持つ数字の4の意味は、「革新、刷新」です。そのことからも、この皇帝が活動を通して、変化を求める様子が読み取れます。

　この皇帝の性質のように、このカードには計画的に動いて何かを実現させるという意味があります。その何かとは、仕事や建築物の完成など、主に実務的、実際的なことです。適度な防御と保護を意識しつつの、バランスの取れた行動であるため、足元を固めながら着々と実現に進みます。そしてつかんだ成功は、簡単に崩れることはありません。

V 教皇
LE PAPE

LE PAPE
THE POPE

イメージ・
フレーズ } 目下の人達に、許しや
親切心を与える寛大さ

カードが
持つ意味 } 許しや教義、親切心、寛大さ、
道徳心、組織での統治や支配力

　2本の柱を背にして、穏やかな顔つきの教皇が座っています。頭にはティアラと呼ばれる三重冠を載せ、左手では教皇十字である三重の十字架をつかんでいます。三重冠は「天国・地下世界・教会」の3つを表し、教皇十字は三位一体の「神・キリスト・聖霊」を象徴するとされています。教皇の前には剃髪された2人の修道士が座り、教皇の右手がつくる神の祝福のサインを受けています。

　教会という組織の頂点に立ち、神の代理人という役割を持つ教皇には、神聖な力が強く宿っています。その力を人々に配り、神聖さに目覚めさせるのです。

　そうした役割を担うために、教皇は神に近い精神でいなければいけません。分け隔てない慈愛心を持ち、罪人をも許せるような寛容さを備えています。目下の人達に真理を伝える親切心にもあふれています。ただし、マルセイユタロットが示す数字の5には、「支配」や「威圧」という意味があるため、他のデッキの「教皇」とは少し違い、「組織のトップ」という権威的なイメージも含まれます。

　こうしたことから、主にこのカードには、目下の人達に何かを与えるという意味を強く持ちます。寛大さや道徳心、許しや親切心のほかに、組織を動かす能力や支配力という意味も与えられています。どの意味を採用するかは、質問内容や状況で判断するといいでしょう。

VI 恋人
L'AMOUREUX

イメージ・フレーズ：優柔不断さによる
迷いとためらい

カードが持つ意味：選択、迷い、優柔不断、ためらい、
パワー不足、悲観的な性質

　長い髪の若い男性の両脇に2人の女性が立ち、それぞれ男性の方を向いて好意を示しています。右側に描かれた女性は若くて美しく、左側に描かれた女性は少し年を取っているように見えます。共に真剣な眼差しで男性の体に手をかけ、自分の方を選んで欲しいと積極的にアピールしているのです。男性は左側の女性を見ながらも、足は片方ずつそれぞれの女性の方向に向けています。そのことから、どちらを選んでいいのか決めかねている心理状態がうかがえます。

　男性の頭上には光の輪があり、その中にキューピッドが浮かんでいます。そして、右側の若い女性の方に矢を向けて、射ようとしています。キューピッドの矢が刺さった者は、激しい恋に落ちるといわれますが、ここでは矢が射られた女性を、男性が選ぶことになるのです。それは自分の意志によってではなく、ほかの何者かの力によって選ばされている……という、受け身な状態を示しています。

　マルセイユタロットの数字の6には「障害、試練」という意味があり、物事がスムーズには進まない状況を表します。

　この男性の様子から、このカードには、何かの選択で迷うこと、決断できない優柔不断さという意味があります。2人の女性から愛されていることは、この男性にとっては決して幸福なことではないのでしょう。

VII 戦車
LE CHARIOT

イメージ・フレーズ	高尚な理想を掲げ 実現に向かい前進する
カードが持つ意味	勝利、前進、勢いの良さ、勇敢さ、 強い戦力、理想に向かう

　高貴な服装で冠を載せた若い男性が、天蓋のついた戦車に乗って前進しています。その表情は明るく意気揚々としていて、進行方向である未来への希望に満ちていることが感じ取れます。これから訪れる戦いでも、必ず勝利できると信じているかのようです。

　ただし、戦車を引く2頭の馬の様子が思わしくありません。左の馬が赤色、右の馬が青色で、対立したエネルギーを持っていることがわかります。その上に、それぞれの足は別々の方向を向き、足並みがそろっていません。そして右の馬は怒りの表情を左の馬に見せ、左の馬は目をそらしています。このまま戦車を走らせても、先へ進まないどころか、戦車が割かれて壊れることにもなりかねません。目的地へたどり着くためには、2つのエネルギーを上手く調整する自信と集中力が必要なのです。

　マルセイユタロットが持つ数字の7は最もポジティブであり、「勝利」や「大成功」という意味があります。この若者は対立した力を上手にコントロールし、信念通りに勝てるのでしょう。この縁起の良いカードの中央には、カードメーカーか製作に関するイニシャルが記載されています。

　そうしたことからこのカードには、高尚な理想を掲げてその実現に向かっていくこと、何かの戦いで勝利すること、という意味があります。それは、パワフルで勇敢であることが勝因なのです。

正義
LA JUSTICE

VIII

イメージ・フレーズ {
規律や秩序を守る
公正さや厳しさ

カードが持つ意味 {
規律、公正、均衡、秩序、合理性、
正しさの追求、厳しさ、冷酷さ

　2本の支柱を持つ椅子に、冷静な表情をした女性が腰かけています。右手で大きな剣を突き上げるように持ち、左ではバランスを取りながら天秤を持っています。

　「正義」というタイトルからも、この女性が「正しさ」を基準に、何かを測っていることがうかがえます。天秤で罪の重さを寸分も狂うことなくはかり、不正と判断した物事は、手にする剣でバッサリと切り落として処分するのです。そこには人情は一切入らず、許しも情状酌量の余地もありません。「正しいか、否か」だけがすべての判断基準であり、それは社会を安全に守ると同時に、ときには人々の心を凍りつかせます。

　マルセイユタロットの数字の8には、「苦痛、苦悩」というネガティブな意味があります。そのため、このカードは強い厳しさを持ち、規律や礼節などで人々に苦痛や忍耐を強要します。しかし、頭に描かれた二重丸の太陽のマークが、この女性が社会を明るくする役割を全うし、成功させることを示しています。自由すぎる社会は混乱を招き、ある程度の枠組みと忍耐する姿勢は必要なのでしょう。

　そうしたことからこのカードには、規律や秩序を守る公正さや厳しさ、ドライで合理的な精神、などという意味があります。常にバランスを保っているため、無意味に優しくしたり、誰かをひいきをしたりすることはないのです。

VIIII 隠者
L'HERMITE

イメージ・フレーズ	知恵と道徳心が伴う 深い内省と孤独
カードが持つ意味	内省、内観、孤独、慎重さ、知恵、道徳、深い思索にふける

　長く暗い青色のガウンに身を包んだ人物が、右手で高くランプを掲げて立っています。額には深くしわが刻まれ、白髪と長い白髭をたくわえ、左手で木の枝でできた杖をつき、かなりの老齢であることが見て取れます。ランプを掲げているということは、暗闇の中にたたずんでいるということです。

　悟りを得ているこの老人は、年齢を重ねて肉体的な若さを失うと共に、人生経験を積みながら、豊かな知恵を身につけてきました。地位や名誉、豪華な生活にはそれほどの価値がないと知り、それ以上に精神的豊かさが大切であることを、身を持って知っているのです。世俗的な欲を捨て去り、ひっそりと静かに過ごしているのでしょう。

　マルセイユタロットが持つ数字の9には、「義務、義理、責任」という意味が与えられています。高く掲げたランプで暗闇を照らすさまは、まだ知恵が育っていないが故に悩んでいる若者達を、人生の達人として責任を持ち、輝く方へと誘導しているかのようです。

　この老人のイメージのように、このカードには、知恵や道徳など長く生きる中で得られる精神的な糧が意味づけられています。それ以外に慎重さや孤独、忍耐など、独り静かに生きる上で避けられない感情も含まれます。このカードが占いで出ると、派手な動きはなく、静かに内省するような状況が訪れるでしょう。

運命の輪
LA ROUE DE FORTUNE

LA ROUE DE FORTUNE
THE WHEEL OF FORTUNE

イメージ・フレーズ	止まらず常に変化する状況や運勢の流れ
カードが持つ意味	変化、変遷、変更、不安定、運命の流れ、一時的な成功や失敗

　人間の運命を象徴する大きな輪が中央に置かれ、何者かにより反時計回りに回転し続けています。輪を回す細いハンドルが、輪の中心から右の方に飛び出しています。この輪を回している者はカードの中に入らず、見ることができません。

　輪には三者がつかまっています。頂点に向かっている最中の、犬もしくはウサギのような生き物、逆に頂点を過ぎて下降していく猿のような生き物。そして、現在まさに頂点に到達しているのは、猿の顔に似た何ともいえない、翼をつけた奇妙な生き物です。

　この奇妙な生き物は頭に王冠を載せ、王者として君臨している瞬間であることがうかがえます。その姿が醜いのは、頂点にいることの傲慢さや滑稽さを示しているかのようです。その瞬間はすぐに過ぎ去り、下降が待っています。ここで調子に乗るほど恥をかくことになるのです。

　マルセイユタロットが持つ数字の10には、「変化」や「変遷」という意味があります。輪は永遠に回り続け、人生において同じ瞬間は一時たりともありません。

　そうしたことからこのカードは、変化や変更、変換など大きく変わること、変わりやすい不安定な状況などを意味します。良い状況を得られたとしても、それは永続性のないものです。しかし変化は発見の連続となり、結果的に多くの経験を積むことにつながります。

XI 力
LA FORCE

イメージ・フレーズ } 体力や実力を信頼して成功する

カードが持つ意味 } 力を信頼する、挑戦する勇気、大胆さ、根性、怒り、暴力、無謀さ

　大きな帽子をかぶり、赤いマントを羽織った女性が、素手で獅子の口を引き裂こうとしています。その表情は険しくも凛々しく勇敢さがあり、両手にすべての意識を集中させていることがうかがえます。獅子は驚いて目を見開き、歯向かうこともできず、ただ女性に一方的にやられているだけの状態です。

　無限大のマークを彷彿とさせる帽子は、この女性が持つ力が無限大であることを物語るかのようです。まるで火事場の馬鹿力のように、いざというときに驚くほどの怪力を発揮できるのです。その膨大なエネルギーは、危険な場面に遭遇した場合のほかに、強い怒りを感じたときにも噴出します。ときには人を危機から救い、ときには激しく傷つけるという、諸刃の剣であるといえるでしょう。

　ほかのデッキではポジティブな意味合いが強いものの、マルセイユタロットのこのカードは、極端なポジティブかネガティブかに傾くので、注意が必要です。強い力があることは「何があっても大丈夫」という大きな信頼と安心を生みますが、力の使い方を誤れば、瞬時に大事なものを破壊してしまうのです。

　そうしたことから、このカードの意味には、力を信頼することによる成功や、怒りによる暴力があります。女性が獅子を押さえつけるような怪力は、使い方によって毒にも薬にもなるのです。

吊るされた男
LE PENDU

LE PENDU
THE HANGED MAN

イメージ・フレーズ：自分を犠牲にしての
苦しい償いや労働

カードが持つ意味：自己犠牲、償い、過労、報われない思い、忍耐、待機、不忠実

　枝を切り落とした木でできた2本の支柱の間に、後ろ手を縛られた男性が逆さ吊りにされています。1本の足は縛られ、もう1本の足で十字の形を作っています。まったく自由が利かない非常に苦しい状態で、次のカードが示す死が訪れるまで、この束縛された状況は続きます。死が来たときに初めて、この長い苦痛から解放されるのです。

　古くは「裏切り者」とも呼ばれていたこのカードは、一般的な犯罪者の刑罰を受けている姿であるとも、イエスキリストの使徒のペテロやユダを描いたものであるともいわれています。どちらにしても、自分自身が犯した罪により、このような状況に陥ったのです。刑罰を受けることで罪を償い、クリアになった魂の状態で、あちらの世界へと戻るのでしょう。

　この男性のように、このカードは身動きの取れない辛い状態になることを意味しています。現代でいえば、望まないハードワークが延々と続いたり、好きな人からの連絡をひたすら待ち続けたり……というシーンが考えられます。ときには誰かを傷つけて、償わなければならなくなる場合もあるでしょう。自分を犠牲にして、何かを施していく状態です。

　それは決して、まったくの無駄というわけではありません。心が鍛えられて忍耐力がついたり、苦痛の中で頑張ったことが後々実ったりと、何かしらの得るものはあるはずです。

死
LA MORT

イメージ・フレーズ	何かが終了し、状況が変換される

カードが持つ意味	終了、変換、変更、完全な別れ、停止、気持ちが吹っ切れる

　骸骨、もしくは半分ミイラ化した姿の死神が、草が生えた広い場所で大きな鎌を振るっています。地面には2つの頭が転がり、左にある頭は子供のようにも見え、右にある頭は冠をつけています。死神は相手を選ばず鎌を振るい、死は誰にでも平等に訪れることを暗示しているかのようです。ほかにも切り取られた手と足が散らばっていて、不気味な雰囲気を強めています。

　他の大アルカナとは違い、このカードにだけ名前が書かれていません。これについては、死神の名を呼ぶと目の前に現れてしまうため……という説があります。また、キリスト教で縁起が悪いとされる13番目に置かれていることからも、このカードが悪い意味で特別視されていると思わせます。古くから死は、それだけ恐れられていたためでしょう。

　死神が活動しているこのカードには主に、何かが終了するという意味があります。しかし魂が肉体から離れて天に戻るように、そして物を処分しても消えるのではなく、少しずつ土に帰っていくように、何かが完全になくなるということはありません。

　12番の「吊るされた男」がようやく解放されるように、死とはすなわち変換や変更であり、その後に新鮮な状況が訪れるということなのです。ただし、目の前からなくなるという別れを経験して、悲しみを感じることはあるでしょう。

節制
TEMPÉRANCE

イメージ・フレーズ	調和された穏やかで リラックスできる状況
カードが持つ意味	調和、穏やか、友情、リラックス、 理論的思考、エネルギー不足

　12番の「吊るされた男」が13番の「死」によって解放された後、浄化された清々しい世界が展開されます。このカードは、そうしたクリアになった世界を表現しているのです。

　草が生えた土地で、大きな翼を持つ天使のような女性が、赤色と青色の水瓶を持って立ち、水を移し替え続けています。7番の「戦車」の馬で見たように、赤色と青色は対立したエネルギーを象徴します。それを丁寧に統合して、調和させているのでしょう。女性が着ているドレスも、水瓶の色と対になるように、赤色と青色が組み合わされています。

　女性が青い髪に、愛らしい赤い花を飾っていることからも、このカードは大変穏やかで心が和むエネルギーを持っています。そして2つの対立した水を合わせていることから、主に何かを調和させることや、調和されてホッとできる状況を意味しています。人間の感情でいえば、ドキドキする恋愛感情ではなく、リラックスして自分を出せる友情です。

　ただし、死の直後で生まれたばかりの弱々しさがあることは否めません。まだ体力やエネルギー不足で、頑張り続けるような大胆な行動は起こせない状態です。

　それでも何かを調和させることには、細心の注意と推理をする力が必要です。そうしたことからこのカードには、理論的思考という意味も与えられています。

XV 悪魔
LE DIABLE

LE DIABLE
THE DEVIL

イメージ・フレーズ	欲望や快楽に執着して堕落し束縛される

カードが持つ意味	欲望、誘惑、快楽、執着、官能、束縛、悪い衝動、自制心の無さ

　女性の乳房と男性器を持つ悪魔が、にやけた表情で台の上に立っています。左手では柄のない剣を素手でつかみ、右手では何かのサインを送っているかのようです。目の前には二者がつながれ、悪魔と同じような歪（ゆが）んだ微笑（ほほえ）みを浮かべています。その二者は人間の顔と上半身を持っていますが、ロバのような耳と尻尾が生え、カモシカのような角がついています。元は男女の人間ですが、目先の欲と快楽に溺れるうちに、すっかり獣性が芽生えて堕落してしまったのでしょう。同じエネルギーを持つ悪魔と一緒にいるのが心地良く、つながれている縄が緩くても、そこから抜け出そうとはしていません。

　この構図は、5番「教皇」と似ています。「教皇」が神を司（つかさど）る善を示し、このカードがその対となる悪の世界を象徴しているのです。構図は似ていても、正反対のカードであるといえます。完全に住み分けるのではなく、人間は「教皇」と「悪魔」の世界を行き来するのが普通なのです。

　このカードは、欲望や誘惑に取りつかれる堕落した状況を意味しています。麻薬やセックス、嗜好品の摂りすぎなど、肉体的な快楽にふけることも、このカードの範疇（はんちゅう）です。人間の弱さが自制心の欠如を招き、こうした世界に陥れられてしまうのです。成功などに執着して頑張りすぎることも、悪魔の波動と一致してしまうでしょう。

XVI 神の家
LA MAISON DIEU

イメージ・フレーズ） 大きな衝撃を受けて
何かが崩壊する

カードが持つ意味） 崩壊、衝撃、精神的ダメージ、
大惨事、大混乱、失敗、事故

　多くのデッキが「塔」と呼ぶこのカードは、マルセイユタロットでは「神の家」と名づけられています。描かれている崩壊中の建物に神が住んでいるか、もしくは神が建てた塔であるとも考えられます。

　そうした神の家が、天から降り落ちる雷によって、大きく崩壊しています。そして2人が地面へと投げ出されています。塔の天辺には大きな王冠がついていて、雷はそこを目がけて落ちているのです。これは、王冠が示す名誉や富によって高慢になった人間達に、神が大きな罰を与えているかのように見えます。欲をむさぼる堕落した教会に対する怒りであるとも考えられるでしょう。

　前のカードの15番「悪魔」の、快楽により強固に束縛された状態は、何かの衝撃がなければ解放されることが困難です。このカードは強欲さや傲慢さを打ち砕くと同時に、低いものに陶酔していた人々の心を、ハッと我に返させる働きを持っています。積み重ねたものを一気に崩壊させることは悪い出来事に思えますが、物事を根底から覆し、強制的に道をただすことができるのです。

　そうしたことからこのカードには、主に大きな衝撃を受けて何かが崩壊するという意味があります。ほかにも大惨事や大混乱などネガティブな意味が多く与えられていますが、それらは人生上で必要な場面であることを、忘れてはいけません。

星
L' ÉTOILE

イメージ・フレーズ：夢や希望が湧き陶酔と感動を覚える

カードが持つ意味：夢や希望、美しさ、魅力、感動、芸術、非現実的、神秘的な世界

　16番の「神の家」ですべてが崩壊した後は、自然の力である浄化作用が働きます。広大な土地と木々、澄んだ水、輝く星々という大自然が描かれたこのカードには、その力が備わっています。

　穏やかな表情をした裸の女性が大地に膝をつき、両手に持つ水瓶から、地面と池に水を流しています。空の中央には大きく星がひとつ明るく輝き、それを取り囲むかのように、色とりどりの7つの小さな八芒星が輝いています。遠くに見える木には鳥がとまり、このカードの澄んだイメージを強めています。

　マルセイユタロットの数字の7には、最もポジティブな意味が与えられ、末尾7のこのカードも、その好影響を受けています。澄んだ水と空は人々の心を浄化させ、星々がきらめく様子を見て、未来への希望と憧れの気持ちを高めさせます。女性が一糸まとわぬ姿であるように、少しの曇りもない純粋な状態なのです。

　そうしたことからこのカードには、未来への希望に胸をふくらませたり、美しい物事に陶酔したりする、という意味があります。ときには、映画や芸術など非現実的な世界に酔いしれる場合もあります。

　しかし、夜空の星は宇宙のはるか彼方にあり、どれだけ美しくても決して手でつかむことはできません。心は希望と陶酔に満ちていても、それを現実世界に反映できるかどうかは、また別の問題なのです。

月
LA LUNE

イメージ・
フレーズ } 曖昧さと不安定が招く
強い不安感

カードが
持つ意味 } 不安、不安定さ、曖昧な状態、
迷い、失望、幻想、神秘的な世界

　2つの建物が見える場所の上空に、大きな月が輝いています。月の中には左側を向いた顔が描かれ、月の周りには雫（しずく）のようなものが散っています。その月の下には、馬かロバのような首の長い動物が、悲し気な表情で何か言いたげに長い舌を出し、夜空に輝く月を見上げています。カードの下部には満杯になった貯水槽のようなものがあり、その中に水の色に青く染まって潜んでいる、大きなザリガニが描かれています。

　月は満ち欠けを繰り返し、同じ形を保ち続けることはありません。まるで人の心のように動き続ける不安定さがあります。月に描かれた横向きの顔からは、その本心を伺い知ることが難しく、不安な気持ちを強める要素となっています。そして、月を見上げて足元を滑らせ、水の中に落ちれば、静かに潜んでいるザリガニの餌食（えじき）になるかもしれないのです。

　マルセイユタロットが持つ数字の8には「苦痛、苦悩」という意味があり、末尾8のこのカードは、その影響を受けています。

　そうしたことからこのカードには、物事がはっきりしない不安定な状態という意味があります。幻想的で混沌（こんとん）としていることが、強く不安を掻き立てるのです。まるで濃いモヤがかかったような状況です。神秘的な見えない世界にも関係しますが、それは主に心霊など低いエネルギーを表しています。

太陽
LE SOLEIL

| イメージ・フレーズ | 喜びや幸福など
屈託のない明るい心 |

| カードが持つ意味 | 喜び、幸福感、パワフル、純粋、
成功、有名になる、芸術的才能 |

　空の中央には、たくさんの光線を放出させた大きな太陽が輝き、その中には正面を向いた顔が描かれています。光線には多くの色彩が使われ、まるで虹色を彷彿（ほうふつ）させるかのようです。同じく多彩な雫（しずく）のようなものが、太陽から地上に振り落ちています。

　その下には、双子のような子供が2人立っています。お互いに相手の体に手をかけ、その表情は微笑（ほほえ）んでいて明るく、2人は仲良しであることがわかります。その後ろにはレンガでできた壁があり、庭園のような場所にいることを思わせます。その壁は低く、子供でも簡単に乗り越えられ、いつでも気軽に外へ出られるでしょう。

　虹色に輝く大きな太陽、正面を向き正直さを表現している大きな顔、明るい未来を築く役割を担う元気な子供達……ここには屈託のない純粋な陽のエネルギーを持つものが、いくつもそろっているのです。太陽が昇ると一気に闇が照らされて消滅するように、一点の曇りもなく、ただ明るい光に満ちていることを象徴しています。

　そうしたことからこのカードは、喜びや幸福など、強いポジティブな意味を持っています。活力がみなぎり、笑顔で何かに取り組めるでしょう。日の目を見るというイメージから、何かで成功して注目されたり、有名になったりすることも示します。まさに光に満ちた、晴れ渡った心でいられるのです。

XX

審判
LE JUGEMENT

イメージ・フレーズ 〉 日頃の行いによる 急な大変化

カードが持つ意味 〉 急な大変化、好転、改善、終わったことの復活、神の恩恵や罰

　キリスト教の終末論に関する「最後の審判」の場面が描かれています。上空には雲の輪があり、その中から光を放って大天使が登場しています。大天使は十字の旗がついた長いラッパを、地上に向けて吹き鳴らしています。そして地上では、墓から蘇（よみがえ）った裸3人の人物が、大天使に向けて手を合わせ、この世に帰ってきたことに感謝の気持ちを伝えています。

「最後の審判」では、キリストが降臨して死者を裁き、永遠の命を与えられる者と、地獄に落ちる者とに分けられるといわれています。このカードに描かれている3人は、神に選ばれ永遠の命を与えられた者達なのです。それは、生前に人のために尽くしたなど、良い行いを重ねたためでしょう。ここには地獄に落とされた者は描かれていませんが、殺人や不貞を行い悔い改めなかった者は、永遠の苦しみを与えられるとされています。

　この「最後の審判」のように、このカードには主に、物事が大きく変化するという意味があります。それもポジティブな意味が強く、急速な好転や、物事が改善する場合が多いのです。それは日頃の良い行いが、神に認められるためだと考えられます。ただし、悪い行いを認識している場合にこのカードが出ると、神からの罰が下ることを意味します。状況は悪化しますが、それは結果的に、その人の更生につながるのです。

世界
LE MONDE

LE MONDE
THE WORLD

イメージ・フレーズ	完成と完全により幸福感や誇りを味わう
カードが持つ意味	完成や完全、喜びや幸福感、精神的豊かさ、誇り、名誉、悟り

　葉でできた楕円の中で、女性と思える人物が棒を持ち、片足で立っています。身にまとった布の動きから、ダンスをしているようにも見えます。カードの四隅には、『ヨハネの黙示録』に登場し、四元素を表す生き物が描かれています。左上にいるのは、風で水瓶座を示す天使、右上には水で蠍座を示す鷲、左下には地で牡牛座を示す牛、右下には火で獅子座を示す獅子です。この4種すべての生物は恍惚とした表情を浮かべ、深い幸福感に浸っていることが見て取れます。高い精神状態で四元素が完結すれば、ユートピアのような完全世界が実現するのでしょう。

　かつて、マルセイユタロットはゲームで使用されており、大アルカナの中で最大の数字を持つこのカードは、最も高いポジションでした。そのことも含めて78枚すべてのカードの中で、最もポジティブなエネルギーを持つカードであるといえるのです。

　このカードが強く示すことは、「精神面での完成」です。人間は物心がついた頃から、富や名声など俗的な欲望を追い続けます。しかし最終的には目に見える豊かさより、精神的な幸福感の方が重要なのだと悟るのです。このカードは、そこにたどり着いた段階を示しています。

　具体的な意味には、完成や完全、喜びや幸福感、誇り、それ以外にはグリモー社により、名誉という意味も与えられています。

愚者
LE MAT

イメージ・フレーズ } 無知のための
無思慮で軽率な行動

カードが持つ意味 } 無知、軽率、無思慮な行動、鈍感
で気づかない、独自の道を進む

　棒に結びつけた小さな袋を肩にかけ、杖をつきながら、草が生えた大地を歩いている男性が描かれています。服の首回りとベルトにはたくさんの鈴が縫いつけられ、歩く度にシャンシャンと盛大な音が鳴り響きます。こうした服装から、彼が人々を笑わせることを生業（なりわい）とする道化師であることがわかります。

　背後から犬がお尻に飛びついてきて、ズボンを破られてしまったようです。それでも、この男性は表情を変えることなく、淡々と歩き続けています。周囲に起こる出来事について、我関せずといった様子です。

　ほかのデッキでは0番で、大アルカナの先頭に置かれることが多い「愚者」ですが、マルセイユタロットでは番号がつけられておらず、大アルカナの最後に置かれています。無番号なのは、過去にゲームの中で独特な使い方をされていたためです。番号の大きさによってカードの強弱が決められていましたが、そのルールとは別の位置に置かれたカードだったのです。放浪者をイメージさせる愚者は、タロットカードの中でも浮いている、個性的な存在だといえるでしょう。

　主にこのカードには、無知のための無思慮で軽率な行動という、ややネガティブさが含まれた意味があります。しかし、それはときに周りを驚かせるほどの大胆な行動を生み、意外な成功を呼び込む可能性もあるのです。

マルセイユタロットで
逆位置を採用する場合

　逆位置の意味を使うウェイト版での占いに慣れている人で、「マルセイユタロットでも、逆位置を採用したい」という人がいるかもしれません。タロット占いは大変柔軟性がありますから、もちろんそうすることは可能です。カードが逆位置で出てきたら、「ネガティブな意味が強まる」と捉えてもいいですし、「正位置とは正反対の意味になる」と、頭の中で決めてもいいでしょう。ウェイト版で使用している逆位置の意味を、そのままマルセイユタロットにあてはめて使う……というやり方でも、問題ないといえます。

　ただし注意してほしいのは、マルセイユタロットには、「正位置と逆位置の判別ができないカードが多い」という点です。そのすべてが数札で、例えば「棒3」や「金貨エース」など棒と金貨のスートに多く、ざっと数えても17枚あります。どこかに上下がわかるように印をつけてもいいでしょうが、それでは建設的とはいえないでしょう。

　ですから逆位置を採用したい場合は、「大アルカナとコートカードのみの採用」もしくは、「正逆がわかるカードのみの採用」か、どちらかに決めておくことがお勧めです。

　逆位置を取り入れることにより、カードが織りなすイメージの幅がグンと広がります。ですから正位置のみのリーディングに慣れてきたら、逆位置の採用に挑戦してもいいですね。

Chapter 3
小アルカナ解説編

四元素の説明　Les Quatre Éléments

棒 = 火

BATON

燃え上がる情熱は過去を振り返らずに
前進するパワーとなる

　小アルカナのスートでは、四元素の火は「棒」が対応します。マルセイユタロットには「バトン」と書かれており、英訳は「クラブ」となっています。それ以外には「ワンド」「ロッド」と呼ばれるタロットデッキも存在します。呼び名は違っても、木製の棒であることがほとんどです。

　また、トランプのスートではクラブに対応します。西洋占星術で扱う12星座の中で、火のエレメントに分類されるのは、牡羊座、獅子座、射手座になります。

　ビッグバンで宇宙が生じたときには熱い火の塊だったように、四元素の火は一番けがれがなく純粋な状態である、原初的エネルギーを想像させます。棒の火が持つ性質を、わかりやすくひと言で表現すれば、「燃え上がる情熱」です。過去・現在・未来の中では未来を一番重要視し、明るい未来を手にするために夢や目標を設定して、「こんな自分になりたい」という熱情に身を任せ、ひたすら前進しようとします。そこには計画性などありませんし、過去を振り返ることもありません。また、勝敗や名声にもこだわりますから、戦うこともいとわないタイプです。マルセイユタロットの棒は、特にビジネスに関する意味が多くなっています。ただし情熱というのは、そう長くは続かないもの。何かを手にした瞬間に興味を失うような、飽きっぽさがある面も否定できません。

　「情熱」以外には、「直観」「創造性」「歓喜や怒りなどの強い感情」などが、火の特徴として挙げられます。

聖杯 = 水

COUPE

豊かな感情ゆえに愛情を欲して
他者との心のつながりを求める

　四元素の中の水は、小アルカナのスートでは「聖杯」が対応します。マルセイユタロットには、フランス語でグラスや器を意味する「クープ」と書かれ、英訳では多くのデッキと同様に、「カップ」とされています。また、トランプのスートではハートに対応します。トランプ占いでは、ハートのスートは恋愛関係を意味することが多いことと関連して、聖杯のカードも愛情がテーマになっているものが、非常に多く見受けられます。

　12星座の中で水に分類されるのは、蟹座、蠍座、魚座になります。

　水が持つ性質をわかりやすくひと言で表現すると、「他者との心のつながり」。水のそのウェット感から、寂しがり屋でいつも誰かと寄り添って、ベッタリしていたいと願います。火と同様に感情に押し流されるタイプではありますが、火が自己中心的なのに反して、水は孤独に耐えられず、常に誰かからの愛情を欲しているのです。乾いた体には水が必要なように、乾いた心には愛情が必要です。聖杯がカラのままでは渇きが激しく、いつでも愛情という水に満たされていたいのです。

　過去・現在・未来の中では、過去を最重視し、既に終わっている物事にいつまでも執着したり、過去の出来事を美化して心の中でそっと温め続けたりします。感受性が強くロマンチストで、芸術的センスも優れています。

　「他者との心のつながり」「愛情」以外には、「豊かな感情」「慈愛心」「主観的」などが、水の特徴として挙げられます。

ÉPÉE

鋭い判断力は人を楽しませることも
傷つけることもできる諸刃の剣

　小アルカナのスートでは、四元素の風は「剣」が対応し、マルセイユタロットにはフランス語で剣を示す「エペ」という文字が書かれています。英訳はウェイト版などと同じく「ソード」となっています。また、トランプのスートではスペードに対応します。トランプ占いの本を見ると、スペードは「凶札」などと書かれていますが、それを彷彿させるかのように、剣のカードはネガティブな意味合いのものが多く含まれています。

　西洋占星術で扱う12星座の中で風に分類されるのは、双子座、天秤座、水瓶座になります。過去・現在・未来の中では現在を重視します。

　風＝空気という考えであり、古来から風や空気は音を伝達することから、「社交性」「言葉」「知識」などの象徴とされてきました。風に分類される星座が、爽やかで社交的といわれるのもそのためです。風の象徴である剣のスートが持つ性質をひと言で表現すれば、「鋭い判断力」。剣は人を殺傷する能力があることから、風が意味するキーワードの中でも、特に鋭いものがピックアップされるのです。言葉は人を楽しませたり癒したりすることもできますが、ストレートに使えば見えない剣として、人の心をいとも簡単に傷つけます。また、何かを判断や言葉で肯定することにより、それ以外の何かを否定して、バッサリと切り落とすことにもなります。言葉というのは剣と同様に、諸刃なのです。

　「鋭い判断力」「社交性」「言葉」「知識」以外には、「理論的」「客観的」などが、風の特徴として挙げられます。

金貨 ＝ 地

DENIER

４つのスートの中で最も現実的
「地」に足のついた安定感をもたらす

　四元素の中の地は、小アルカナのスートでは「金貨」が対応します。日本語ではよく金貨と訳されますが、一般的にタロットには「コイン」と書かれており、それ以外には「ペンタクル」や「ディスク」と呼ばれるデッキもあります。本書で使用しているマルセイユタロットには、かつてフランスで使われていた通貨単位を示す「ドゥニエ」とフランス語で書かれています。それでも英訳では「コイン」となっており、金銭的な意味を多く含んでいるため、金貨と覚えておいても問題はありません。

　また、トランプのスートではダイヤに対応します。西洋占星術で扱う12星座の中で地に分類されるのは、牡牛座、乙女座、山羊座になります。

　地が持つ性質をわかりやすくひと言で表現すれば、「仕事やお金などの現実的なもの」。過去・現在・未来の中では現在を最重視します。地は四元素の中で唯一、しっかりと手で形作ることができることから、安定感をも意味しています。そして金貨は土から人間の手によって練り上げられたものであり、物々交換の仲介役をはかり、人間の欲や手垢にまみれた、４つのスートの中でも一番物質らしい物質です。愛情や情熱だけでは、毎日のご飯を食べることはできません。地に足をついた生活を、地の要素が与えてくれるのです。

　「現実的なもの」「安定感」以外には、「五感」「堅実」「物欲」などが、地の特徴として挙げられます。

数札の数字の説明

　グリモー社の小冊子には、マルセイユタロットが持つ各数字の意味が記載されています。その意味は、主に小アルカナの数札に反映されていますが、大アルカナの多くのカードにも、強く影響を与えています。

　現在流通しているタロットの多くは、「カバラ生命の樹」が由来となっている数字を、数札に当てはめています。しかしマルセイユタロットが持つ数字は、それとは違うものを使用しています。偶数より奇数の方が、勢いがある点が特徴です。そうした点を注意し、他のタロットが持つ数字の意味とは、できるだけ切り離して覚えましょう。

　ここでは、各数字が持つ意味を説明します。各数字の特徴を覚えることは、具体的な絵柄がなく、意味を把握しにくいマルセイユタロットの数札の読み取りに、大きく役立つでしょう。

 もしくはエース　　**高い知性、理解力**

　大アルカナでは「奇術師」に、準じて「運命の輪」、「世界」にも影響を与えています。スタートの数字であることから、迷いなどの不純なものや曖昧さが一切なく、ストレートに動ける状態を示しています。4枚のエースのカードはすべて勢いが強く、非常にポジティブな意味を持ちます。各スートが示す物事が、クリアに表出されるのです。

二重性、二元性

　大アルカナでは「女教皇」に、2番目には「吊るされた男」に影響を与えています。同じ要素を持つものが2つになることで、調和ではなく対立が生じると判断します。「女教皇」と「吊るされた男」には、他者の影響によって忍耐するという意味があり、4枚すべての数札2には、競争や衝突、詐欺など不和の意味がつけられています。

 繁殖性、生産力

　大アルカナでは「女帝」に、2番目には「死」に影響を与えています。2で対立した二者の間に第三者が加わり、バランスが取れて調和します。そこから良いものが繁殖・生産されるという、ポジティブな意味を持ちます。そのため、剣以外の3枚の数札3には、調和や良いことが実現するという意味が与えられています。

 革新、刷新

　大アルカナでは「皇帝」と、2番目には「節制」に影響を与えています。一般的に4には四角形や四つ足からイメージされる「安定」という意味がありますが、ここではほぼ逆の、革新と刷新になっています。数札では吉凶混合で、棒と金貨では良い変化を意味し、聖杯と剣では感傷的になるような悪い変化を意味しています。

支配、優勢、威圧

　大アルカナでは「教皇」と、2番目には「悪魔」に影響を与えています。そのため、この2枚には権威的な意味が付与されています。戦いも厭わない雰囲気を持つ棒の5には、進歩や克服というポジティブな意味がありますが、剣と金貨の数札5は、中傷など悪い状況と対峙するような、困難さを示す意味がつけられています。

 障害、試練

　大アルカナでは「恋人」に、2番目には「神の家」に影響を与えています。ここでは6が最も重苦しさを持つ数字であり、「恋人」も「神の家」も、ネガティブな意味が強調されています。6つのものが3つずつに分かれ、対立するイメージです。4枚の数札6も、すべて妨害や災難など、ネガティブな意味が与えられています。

7　勝利、征服、大成功

　大アルカナでは「戦車」と、2番目には「星」に影響を与えています。7は最もポジティブな数であり、それはキリスト教が7を神聖視することが理由だと考えられます。悲観的な意味が多い剣のスートでも、努力による勝利という前向きな意味がつけられ、4枚すべての数札7に、明るく希望のある意味が与えられています。

8 苦痛、苦悩

　大アルカナでは「正義」に、2番目には「月」に影響を与えています。他の偶数と同様にネガティブさが強く、2枚とも身動きが取れない雰囲気を持ちます。4枚すべての数札8にも、疑いや心配、無気力、意気消沈など、ネガティブな意味がつけられています。神聖な7にひとつの邪魔が入り、勢いが崩れたというイメージです。

9 義務、義理、責任

　大アルカナでは「隠者」と、2番目には「太陽」に影響を与えています。義務や責任と聞くと重く感じますが、最後の奇数であり、ひとつのサイクルが完結したイメージです。剣以外の3枚の数札9には幸福という言葉が使われ、喜びの結末への到着が想起できます。しかし剣だけは、破綻（はたん）などの悲しみの結末を示しています。

10 変化、変更、変遷

　大アルカナでは「運命の輪」と、2番目には「審判」に影響を与えています。変化や変遷と、まさにこの2枚のイメージ通りの数字となっています。9で完結した状況が崩され、次のサイクルへと突入していく段階です。剣の数札10は悪い意味が強くなっていますが、それ以外の3枚には、喜ばしい変化という意味が付与されています。

コートカードの説明 Des cartes de cour

　コートカードは全部で16枚あり、すべてに違う性質を持つ人物が描かれています。占ったときにコートカードが出ると、その特徴を持つ人物が関わってきたり、質問者自身がその人物のような状態になったりする……というように読み取ることができます。

ネイヴ VALET

　フランス語のバレットとネイヴを日本語に訳すと、「召使いの少年」です。ほかのタロットでは、このカードを「ペイジ」と呼ぶのが一般的です。ペイジが騎士になるための修行として貴族に仕えるのに対し、ネイヴには使用人という意味以外見出せません。

　男性の召使いのことを意味しながらも、小冊子には「聖杯ネイヴ」は少女であり、「金貨ネイヴ」は女性であると記載されています。コートカードの3種類が男性ですから、ネイヴに女性を取り入れることで、男女のバランスが取れるのです。

　年端もいかない人物であることから、この4人に共通する性質は、「幼さ」になります。実年齢には関係なく、「精神的に幼く、未熟さのある人物」であり、それ故に残酷な言動に出ることもあるでしょう。

ナイト CAVALIER

　ナイトを日本語に訳すと「騎士」となり、4枚すべてのナイトが馬に乗っています。一括して「活動的な若い男性」を示しますが、ネイヴが少年少女であるのに対して、ナイトはさらに年齢を重ねた青年を表します。ただし、どのコートカードでもそうですが、占っていると男女に関係なく出てくる場合も多々あります。ですから、「ナイトが出たから、これは絶対に男性を示す」という固定観念は持たないようにしましょう。

　年齢層は同じでも、スートの性質により性格が違います。棒のナイトは快活な前進力を持ち、聖杯のナイトは優しく感傷的で、剣のナイトはシャープで、金貨のナイトはメリットを求める……という感じです。ただし人物像と判断するだけではなく、その動きにも注目しましょう。

クイーン REYNE

　クイーンは、占い上では「大人の女性」と説明されることが多く、対象が広く漠然<ruby>漠然<rt>ばくぜん</rt></ruby>としていますが、主に既婚女性が当てはまります。しかし状況や年齢に関係なく、自立した女性であればクイーンの範疇<ruby>範疇<rt>はんちゅう</rt></ruby>です。

　高い地位にいるためか、4枚すべてのクイーンは動かずに、ジッと椅子に腰掛けています。そして男勝りな雰囲気の「棒クイーン」以外は、過去や内省を示す左側を向いています。

　占っているときにクイーンが出たら、基本的に状況よりも、「どのような感情を持つか」「どのような人物が関わるか」にスポットが当たります。クイーンが男性を示す場合もありますが、女性のコートカードが少ないため、女性のことを示す率が高いのです。ですから基本的にはクイーンを「関わる女性」と読んで問題ありません。

キング ROY

　ネイヴが少年、ナイトが青年を示すのに対して、キングは「大人の男性」を示します。主に既婚男性ですが、年齢や状況に関係なく自立している男性であれば、キングの範疇<ruby>範疇<rt>はんちゅう</rt></ruby>です。

　キングもクイーンと同様に、椅子に腰掛けています。しかし、すぐに動けるようにと浅く座っている上に、4枚すべてのキングが、未来や外界を表す右側を向いています。能動的で統率する立場でもあるため、ただ感情や性格だけではなく、どのような状況が訪れるかということも判断できます。例えば「金貨キング」が出たら、「経済的に安定した状態が訪れる」と読み取るなどです。

　それでもやはり、占う問題に関わる人物像を示す率が最も高いでしょう。それぞれの表情や姿勢、椅子の形などが微妙に違いますから、出てきたカードをじっと見つめ、そこから多くのことを読み取ってみてください。

四元素と数字の組み合わせで、
小アルカナの意味を考え出す

　マルセイユタロットの数札には、具体的な場面の絵柄が描かれていません。例えば「金貨6」であれば、1枚のカードの中に金貨が6枚、規則正しく並んでいるだけ……というシンプルな絵柄です。そのため、描かれている場面や人物の表情から意味を読み取れるウェイト版などと違い、1枚1枚が持つ意味を覚えていく必要があります。

　この後に掲載する小アルカナの各カードの解説では、そうしたシンプルな絵柄からでも意味を読み取れるように、工夫して執筆させていただきました。例えば聖杯や金貨の数札では、描かれている植物の曲線はポジティブな意味を持つ場合が多く、直線であるとネガティブさを示す場合が多い……などです。実はわずかに描かれている絵の中にも、色々なヒントが込められているのです。

　それでも、一気にすべての数札の意味を覚えるのは困難なものです。その場合は、前述した四元素の性質と、各数字が持つ性質を頭の中で組み合わせて、ざっくりと意味を出すといいでしょう。例えば、「剣2」であれば、剣が示す知性や言葉によって、2が示す二元性が衝突する、「聖杯9」であれば、聖杯が示す深い愛情が、9の義務や義理という意味の上で完結する、すなわち結婚や出産を表す……という具合です。それを繰り返すうちに、深く考えなくてもカードを見ただけで、数札の意味が浮かぶようになるでしょう。

　ただし、すべてのカードが持つ意味が、その組み合わせにぴったり符号するわけではありません。ですから最終的には絵柄をじっくりと眺めつつ、1枚1枚の意味を覚えることがお勧めです。

曲線のツタ　　　　　　直線のツタ

曲線のツタはポジティブを示し、直線のツタはネガ
ティブを示すことが多い。

棒
BATON

棒エース <small>UN DE BATON</small>

イメージ・フレーズ ｜ 無から何かを創造する
燃える野心と生命力

カードが持つ意味 ｜ 創造力、生命力、野心家、
勝者、支配

　原初から存在する火は、四元素の中で最も高い精神性を持つため、棒がトップバッターです。棒の中のエースは原初中の原初であり、宇宙誕生時のビッグバンを彷彿とさせます。このカードにはすべてのエネルギーが内包され、強い生命力を宿しているのです。

　突き出した手が、ゴツゴツした太い棒を握り、周りには色とりどりの火の粉が噴出しています。強烈な情熱と行動力を示し、1が示す高い知性により、創造や支配が成功します。

棒 2　DEUX DE BATON

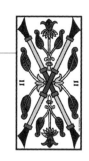

イメージ・フレーズ	譲らない口論や競争で 続く正面衝突
カードが持つ意味	不和、競争、口論、 性格の不一致

　長い2本の棒が中央で交差し、X字を形成しています。これは調和しているのではなく、2の数字が示す対立を意味しています。2者が正面衝突しているさまが、図示されているのです。棒が示す激しい情熱や前進するパワーが衝突し合い、どちらも一歩も引かず、少しの妥協も見せません。ワガママさや怒りがいつまでもぶつかり合い、平行線が続くのです。そうしたことから、性格の不一致や不和、競争などの意味が与えられています。

棒 3　TROIS DE BATON

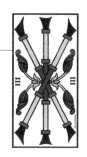

イメージ・フレーズ	険しい状況が好転し、 良い案や知識が増える
カードが持つ意味	好転、アイデア、知識、 調和と理解

　「棒2」のX字の中心に加えられたもう1本の棒が、対立した2つの思想の調整をはかります。険しかった状況は好転し、もともとあった2つの視点から多角的な思想を生み出し、発展的なムードを醸し出すでしょう。数字の3には生産力という意味がありますが、「棒3」では良いアイデアや知識が増えるとされています。それは主に、ビジネスに役立ちます。ただしまだ表面的な部分のみで、心の底からの満足感には到達していない状況です。

棒4 QUATRE DE BATON

イメージ・
フレーズ } 現実的な援助のある
良い交際と家族関係

カードが
持つ意味 } 良い交流、現実的な行動、
結婚、取引

　2本ずつに分かれた4本の棒が、中央で組み合わされています。それを調停する棒はありませんが、何とかバランスを保っている状態です。「棒2」では垂れ下がっている2つの花の花びらが、ここでは理想の形で広がっているように見えます。

　4が持つ革新と刷新が、良い形で表れます。特にコミュニケーションと家族関係が良好で、充実した交流を楽しめるでしょう。結婚や金銭の取引など、現実的な交流とも縁が強いカードです。

棒5 CINQ DE BATON

イメージ・
フレーズ } 試練や辛抱を
克服して進歩する

カードが
持つ意味 } 進歩、試練の克服、
正しい道、寛大さ

「棒4」のバランスを保っている状態に、新しい要素として1本の棒が加わります。そのため自由度が増し、釣り合っていた状態に新鮮な動きが出てきます。主に、それまで膠着(こうちゃく)していた状況に新しい動きが出て、試練を乗り越えられる感覚を得られるでしょう。何かを克服し、大きな進歩を得られます。5が持つ支配や優勢という意味が良い形に変換され、人々に対して寛大になれるという意味もあります。もしくは支配や威圧の状況から解放されるでしょう。

棒 6 SIX DE BATON

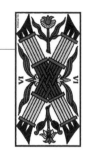

イメージ・フレーズ } 気弱さが、劣等感や
ためらいを生む

カードが持つ意味 } 劣等感、ためらい、妨害、
遅延、損失

　棒が３本ずつ２つに分かれて、Ｘ字の形に組み合されています。カードの上下に描かれた花は、「棒４」に比べると花びらが下がり、既に盛んな時期が過ぎたことが想像できます。例えば６６６は悪魔の数字とされるなど、マルセイユタロットの６は、最もネガティブな数字です。６の障害、試練という意味から、棒が示す情熱がすっかり消えて、気弱になっている状態を表します。そのため、劣等感やためらい、遅延などの意味が与えられています。

棒 7 SEPT DE BATON

イメージ・フレーズ } 自ら動くことで
成功や改善を得る

カードが持つ意味 } 行動の成功、好機が訪れる、
改良・改善

　棒が持つ情熱や積極性と、７が持つ勝利や大成功という意味がドッキングし、非常に前向きで元気な意味が与えられています。新たに増えた棒が「棒６」のためらいを払拭し、強固な自信を呼び込むのです。情熱を持って自発的に動くことで、素晴らしい創造力を発揮できるでしょう。そのため、仕事や勉強など自ら取り組むことは良い成果を出し、成功します。それ以外にチャンスが訪れたり、状況が改善されたりするという意味もあります。

棒 8　HUIT DE BATON

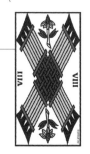

イメージ・フレーズ	疑いや心配の気持ちが諦めや苦悩を招く
カードが持つ意味	疑いと心配、苦悩、悲観的、諦め、考えすぎ

　8本の棒が2つに分かれてガッツリと組み合わさり、根深い対立状況を示しています。「棒6」で既に全盛期が過ぎていた花が、ここではさらに花びらが落ちて、中心部に種をつくり始めているかのようです。ここでは8の苦痛、苦悩という意味が、棒を司る精神面に強く表れます。具体的に何かが起こるというより、必要以上に悪い方向へ考えすぎることで、心も状況も悪化するのです。主に疑いと心配の気持ちが強まり、何かを諦めることになります。

棒 9　NEUF DE BATON

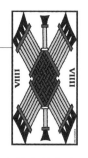

イメージ・フレーズ	知恵と謙虚さが静かな幸福感を呼ぶ
カードが持つ意味	思慮と知恵、慎重さ、謙虚さ、静かな幸福

　9は義務や責任という意味を持つほかに、スートの完結を示します。4本ずつに分かれ、ガッツリと組まれた棒の間に1本の棒が加わり、対立のエネルギーを調整して静かになだめます。激しく浮き沈みを繰り返してきた棒のスートは落ち着き、慎重さと謙虚さが生まれ、情熱は思慮と知恵に変わるでしょう。何かを渇望して走っていた状態に、自然な形で終止符が打たれるのです。動きは派手ではありませんが、精神面には静かな幸福感が育まれる状態です。

棒 10 DIX DE BATON

イメージ・
フレーズ 改革や事業が成功し、
良い変化が訪れる

カードが
持つ意味 良い変化と変更、改革、
新展開、事業の成功

　4本ずつに分かれた8本の棒の間に、白紙状態を思わせる白い棒が2本、がっしりと入り込んでいます。10の数字は、9の完結した状態に変化を生じさせ、次のサイクルへと誘導します。情熱を燃やして追い続けた物事は成功し、満足感を持ちつつ次のステップへと踏み込めるでしょう。大きな改革が生じ、まったく新しい世界が目の前に展開される場合もあります。現状を捨てて変化させることはプラスに働き、仕事では特に幸運のカードです。

棒ネイヴ VALET DE BATON

イメージ・
フレーズ 野心を持ち勤勉な
誠意ある人物

カードが
持つ意味 野心的で勤勉な人物、
良い仕事への希望

　高貴な服装の少年が、草が生えた土地に立ち、両手で太い棒を支えています。彼は使用人という役割を勤勉に果たしながらも、良い仕事をしたいという未来への野心を秘めています。しかし横暴さはなく、その微笑んだ表情から、穏やかな人柄がうかがえます。このカードは、明るい未来を求める野心家や、目標を持って学びを重ねる人物など、夢を掲げて動く活動的な人物を表します。その多くは、感謝の心を忘れない善人であるといえます。

棒ナイト　CAVALIER DE BATON

イメージ・フレーズ { 楽しい場へ向かう気さくで正直な人物

カードが持つ意味 { 気さくで正直な人物、移動、楽しい催し物

　頭に無限大のマークを彷彿とさせる帽子を載せた騎士が、白い馬に乗り、左手で大きな棒を持って掲げています。その表情は微笑んでいて明るく、足には花の飾りをつけています。この騎士が向かっているのは戦いの場ではなく、パーティーなどの楽しい催し物なのです。馬と共に未来を司る右側に顔を向けていて、心は希望に満ちていることがわかります。このカードは気さくで正直な人物や、旅行など楽しい移動、イベントなどを示します。

棒クイーン　REYNE DE BATON

イメージ・フレーズ { 自立心が強く勝気で気紛れな女性

カードが持つ意味 { 自立した女性、勝気な女性、気紛れ、ライバル

　先が装飾された棒を肩に乗せ、女王が座っています。足を開いて表情は堂々とし、男勝りな性質であることがわかります。その証拠に、ほかの3枚の女王は内面を示す左側を向いているのに対し、この女王は外の世界を示す右側を向いているのです。玉座が簡素なのも、すぐに動ける活動性を持つことを示唆します。このカードは、人物の中では自立した強い女性を示します。気紛れで自尊心が強く、危険なライバルになることも多々あります。

棒キング ROY DE BATON

イメージ・フレーズ	支配欲と野心のある 自主的に動く人物
カードが持つ意味	権力のある賢い人物、支配、 野心、成功

　鎧のような重厚感ある服装の王が座り、右手で長い笏を持っています。無限大マークに似た帽子を載せ、無尽蔵の潜在的な力を持つことがイメージできます。腰掛け方は浅く足は開き、何かあればすぐに出動できる体勢を取っています。この王は強い支配欲と野心を持ち、ジッとせずに欲しい物は自ら動いて獲得します。このカードは主に、権力のある賢い人物や、支配欲と野心に突き動かされる人物を表します。自力で何かを成功させられるでしょう。

聖杯

COUPE

聖杯エース UN DE COUPE

イメージ・フレーズ	清らかで気品ある 愛情や交際、出会い
カードが持つ意味	純粋で気高い感情、純愛、 良い交際や出会い

　ほかの聖杯が簡素なのに対して、エースには非常にゴージャスな聖杯が描かれています。カップの上にはまるでお城のような建物が、宝飾のように乗っています。三角形を組み合わせた安定感のある足を持つため、それでも揺るがずに立っているのです。高貴なお城のように、このカードには質の良い交際や出会いという意味があります。聖杯が示す水が純粋で清流のようなイメージであり、清らかな気持ちで人と交流できる、幸福な状態です。

聖杯2　DEUX DE COUPE

イメージ・フレーズ：深い情念が絡んだ
不和や対立

カードが持つ意味：不和、対立、敵意、中傷、
愛情関係の争い

　2個の聖杯が置かれ、それを分け隔てるかのように、その間に背の高い植物のようなものが置かれています。その上部には2匹の魚のような生き物が伸び出て、舌を出して怒りの表情でにらみ合っています。ほぼ左右対称の絵柄となっているカードです。これは2が対立を示すように、不和と対立、競争などを表しています。聖杯のカードですから、特に愛情のもつれなど、深い情念が絡んでネチネチとした衝突です。陰での中傷も伴うでしょう。

聖杯3　TROIS DE COUPE

イメージ・フレーズ：心身の安らぎから
生まれる豊かさと調和

カードが持つ意味：心身の安らぎ、調和した交際、
幸福な結末

　「聖杯2」での対立にもうひとつの聖杯が加わり、二者を調停します。3個の聖杯の周りには緩やかな曲線のツタが伸び出て、中央でハート形を形成し、伸びやかで朗らかな雰囲気を作っていることがうかがえます。3は繁殖性、生産力を意味しますが、このカードは主に緊迫した空気が消えることで、心身が安らぐことを示しています。それにより精神的豊かさや穏やかな愛情が生み出されるのでしょう。バランスが取れた交際も意味します。

聖杯 4　QUATRE DE COUPE

イメージ・フレーズ：精神的に孤立し失望や疲れを味わう

カードが持つ意味：感傷的な失望、精神の疲れ、価値観の違い

　4個の聖杯が並べられ、直線状の植物がその間に伸び、聖杯をバラバラに分け隔てています。それぞれの聖杯は孤立し、安らぎを得にくい状態です。4には革新という意味がありますが、ここではそれがネガティブに出がちです。望み通りの方向へ進まず感傷的になったり、精神的な疲れを感じたりするでしょう。周りと自分が求めている変化が噛み合わない場合もあります。聖杯が示す愛情や理解が乏しく、孤立感を抱え込みやすいといえます。

聖杯 5　CINQ DE COUPE

イメージ・フレーズ：失望や孤独が消えて有利に進む愛情

カードが持つ意味：幸運な変化や出会い、有利な交際、癒し

　5が示す支配や威圧から、小冊子内では悲しみや嫉妬など重い意味が与えられています。しかしカードを眺めると、5個の聖杯はハート型の曲線に囲まれ、中央の聖杯の両脇には、艶やかな花が咲いています。そうしたことから、新たに聖杯が加わることで、「聖杯4」に出ていた失望や孤独感が軽くなると判断します。新しい出会いや環境の変化により、悲しい感情が消えて心が華やぐでしょう。5の支配や優勢は、愛情面で良い形で表れます。

聖杯6　SIX DE COUPE

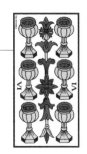

イメージ・フレーズ
> 嘘や誤解による
> 別れと疎遠の悲しさ

カードが持つ意味
> 別離、疎遠、悲しさ、
> 嘘と誤解、障害、弱さ

　6個の聖杯が3個ずつに分かれて縦に並べられ、その間に置かれた直線状の植物が、それを明確に分離しています。3個ずつの聖杯がそれぞれ、無干渉になった状態です。最もネガティブな6には障害、試練という意味があり、このカードは主に分離、すなわち別れや疎遠の悲しみを表しています。ときにはその分離は、嘘や誤解が原因になるでしょう。ビジネス関係というより、恋愛や友達など愛情が伴った関係に対しての弱さや悲しさです。

聖杯7　SEPT DE COUPE

イメージ・フレーズ
> 両想いや高い人気で
> 心が満たされる

カードが持つ意味
> 両想い、強固な愛情、
> 心が満たされる、人気

　3個ずつに分かれた聖杯の間に、ハート型の曲線で囲まれた新しい聖杯が置かれています。その新たな聖杯は、「聖杯6」で分離していた二者をつなぐ役割を果たし、カード全体が幸福のエネルギーに包まれています。聖杯は愛情を示し、数字の7は成功という最良の状態ですから、強固な愛情によって両想いになり心が満たされるという、恋愛面での最高の状況を表します。恋愛以外でも友情や人気に恵まれるなど、自信がつき心強く幸福な状況が訪れるでしょう。

聖杯 8　HUIT DE COUPE

イメージ・フレーズ：恋や不仲で失望し、意気消沈する

カードが持つ意味：不仲、感傷的な失望、失恋、意気消沈、待機

「聖杯7」に新たな聖杯が加わると、ハート型のツタは崩れて8個の聖杯がバラバラに分離されて、孤立してしまいました。中央に小さく咲く花は、青く沈んだ色をしています。8には苦痛、苦悩という意味があり、このカードは成就した恋愛に、不仲や失恋など試練が訪れるような状況を表します。周りに壁があると感じて動くことができず、意気消沈しがちです。感傷的になり、ときが何かしてくれるのを、静かに待つような状態でしょう。

聖杯 9　NEUF DE COUPE

イメージ・フレーズ：幸福と喜びに満ちた夫婦円満と子孫繁栄

カードが持つ意味：幸福な愛、愛の喜び、夫婦円満、子孫繁栄

　描かれた9個の聖杯はそれぞれツタと葉で分かれていますが、中央に置かれた聖杯はハート形のラインに囲まれ、このカードが豊かな愛情を持つことを示唆しています。数字の9には義務、義理、責任という意味があり、愛情はここで一旦完結して、結婚や出産という形を取ります。そうしたことからこのカードには、幸福な愛のほかに、夫婦円満や子孫繁栄という意味が与えられています。ビジネスというより、感情面や私生活においての幸福を示します。

聖杯 10 DIX DE COUPE

イメージ・フレーズ	愛情ある仲間や家族と喜ばしい変化
カードが持つ意味	仲間意識、友情、家庭円満、喜ばしい変化

　整然と並んだ9個の聖杯の上に、10個目の大きな聖杯が横たわっています。カップの口には花が描かれ、愛あるリーダー的存在を彷彿（ほうふつ）とさせます。聖杯を隔てる植物もなく、10の力がひとつにまとまっている状態です。数字の10の変化や変更という意味から、仲間の心がひとつになり、改革に向かっていくイメージが浮かびます。このカードにはそのほかに、友情や家族円満など温かい情で包まれた様子や、喜ばしい変化という意味があります。

聖杯ネイヴ VALET DE COUPE

イメージ・フレーズ	情緒的で気紛れのロマンチストな少女
カードが持つ意味	情緒的で気紛れな少女、感傷的、精神的幼さ

　ネイヴは本来男性ですが、ここでは少女とされています。たくさんの白い花の髪飾りが、唯一少女の面影を見せています。左手には外した聖杯の蓋（ふた）のような物を持ち、感傷的な気持ちで、手にした聖杯の中身を見つめています。この少女は感情の起伏が激しく気紛れで、4枚のネイヴの中でも最も幼い性質です。愛に関して想いを馳せていますが、現実を直視せずにどこか空想的です。直感力や芸術的感性にあふれた人物も示しています。

聖杯ナイト　CAVALIER DE COUPE

イメージ・フレーズ　｝　愛情深く感傷的な
愛を伝える人物

カードが持つ意味　｝　魅惑的で愛情深い人物、
感傷的、愛を伝える

　長い髪の騎士が馬に乗り、過去や内面を示す左側に向かって進んでいます。眉をひそめて悲しい表情で、手にした聖杯を見つめています。聖杯は愛情を示すことから、愛する人のことを想い、戦いに嫌気が差しているのかもしれません。名誉より愛情を重視する、ロマンチストで感傷的な青年なのです。このカードはこの騎士のように、魅惑的で愛情深い人物を示します。馬に乗っていることから、愛情を伝えにいく人物であるとも読めます。

聖杯クイーン　REYNE DE COUPE

イメージ・フレーズ　｝　愛情深く献身的で
親切な良妻賢母

カードが持つ意味　｝　献身的な女性、愛情深さ、
主婦、良妻賢母

　女王が個性的な形の玉座に腰掛け、右手に持つ蓋（ふた）がついた聖杯を、明るい表情で見つめています。左手に細い剣を持っているのは、聖杯が示す感情だけではなく、同時に知性と勇敢さも携えていることを暗示します。それは、感傷的な「聖杯ネイヴ」から一段と成長した女性の姿であり、家庭を上手に切り盛りする、良妻賢母の姿なのです。この女王のように、このカードは愛情深く献身的な女性や、親切で世話好きな女性、良妻賢母を表します。

聖杯キング ROY DE COUPE

イメージ・フレーズ：感情的で欲に流される
権威ある人物

カードが持つ意味：感情的な権威者、
欲や情に流される、憂い

　右手に地球を想起させる球がついた聖杯を持ち、王が玉座に腰掛けています。しかし聖杯を見ておらず、表情は暗く憂(うれ)いています。聖杯が示す愛情や、世界の統治に対して無関心であるかのようです。この王は権威があるものの、4枚の王の中で最も感情に流されやすい気分屋です。深い情は持ちますが、ときには怒りで横暴な態度を取ったり、強欲さにより動いたりします。そうした人物に関わるか、自身が憂いて横暴になることを示します。

COUPE

剣

ÉPÉE

剣エース　UN D'ÉPÉE

イメージ・フレーズ	自信と勇敢さが招く圧倒的な勝利
カードが持つ意味	勇気による勝利、勇敢さ、自信、決断力

　大きな剣を握った手が、左側から突き出しています。剣の先には勝利を表す王冠が飾られ、その右には男性性を示すナツメヤシの葉が、左には女性性を示すオリーブの枝が垂れ下がっています。剣の威力を示すかのように、周囲には鮮やかな火の粉のようなものが散っています。このイメージ通りに、このカードには勝利や勇敢さという意味があります。それも自信を持って突撃する鋭さが呼ぶ勝利です。圧倒的な力で敵に打ち勝つでしょう。

ÉPÉE

剣 2　DEUX D'ÉPÉE

イメージ・フレーズ ｜ 暴言や毒舌など
言葉による対立

カードが持つ意味 ｜ 口論、ケンカ、衝突、亀裂、
対立、敵意

　2本の剣がしなりながら、対立した様相を見せています。曲げられた剣を止める支えがなく、今にもピンと弾けそうな不安定な状況です。数字の2は対立を意味し、知性の剣であることから、主に言葉による衝突や亀裂を表します。すなわち暴言や毒舌、悪口や罵詈雑言（ばりぞうごん）など、人を傷つける言葉によってです。「棒2」はエネルギーを消耗する対立に対して、ここでは精神的にダメージを与える対立になります。それは確実に相手を打ちのめすのです。

剣 3　TROIS D'ÉPÉE

イメージ・フレーズ ｜ 第三者の力により
対立に結論が出る

カードが持つ意味 ｜ 対立に結論が出る、調停、
愛の危機、破壊

　中央に3本目の剣が表れ、「剣2」の不安定な2本の剣を支えています。後ろにオリーブの枝が交差し、優しい雰囲気を醸（かも）し出しています。3には繁殖性、生産力という発展的な意味がありますが、厳しい剣では、「愛と友情の危機」など重い意味が多く与えられています。それでも絵柄のイメージから、知的な助言など第三者の力により、対立の状況に白か黒かの結論が下されると判断できます。ただし決して、良い結論ばかりであるとはいえません。

剣 4 QUATRE D'ÉPÉE

イメージ・フレーズ } 失望や傷心する
変化が訪れる

カードが持つ意味 } 失望や傷心、孤独、不在、
留守、死亡

　4本のしなった剣が、2本ずつに分かれて交差しています。四隅には小さな花が散り、中央には大きな花が描かれています。花びらは下がり、中央は種があるかのように膨らんでいます。厳しい剣のスートでは、4の革新という意味が悪い形で出ています。失望や傷心する変化が訪れるか、ときには死を意味することもあります。唯一花の優しさが、剣の鋭さを調和させるのでしょう。花が逆さになる逆位置で読むと、イメージしやすいカードです。

剣 5 CINQ D'ÉPÉE

イメージ・フレーズ } 悪い状況に飛び込む
戦いを辞さない姿勢

カードが持つ意味 } 悪い状況に飛び込む、
敵意と中傷、嫉妬

　2本ずつに分かれて組み合わさった剣の間を、5本目の鋭い剣が突き刺しています。「剣3」のオリーブを背にした剣とは違い、この剣は闘争好きです。まるで両者の争いに首を突っ込み、火に油を注いでいるかのように見えます。このカードには、敵意や中傷、嫉妬などの意味が与えられ、5が意味する支配や威圧が最も重い形で出ています。悪い状況に、積極的に飛び込んでいく状態です。ポジティブに出ると、戦いを厭わない勇敢さと読めます。

剣 6 SIX D'ÉPÉE

イメージ・フレーズ 〉 人の攻撃心による
困難や災難

カードが持つ意味 〉 困難、災難、中傷、障害、
愛と優しさが必要

　3本ずつに分かれて対立した剣が組み合わされ、中央に大きな花
が置かれています。「剣4」の花より葉数が減り、花びらはさらに下
がって見えます。最もネガティブな数と剣の鋭さが合体し、このカー
ドには困難や災難という意味が与えられています。あらゆる困難を示
しますが、主に人の攻撃心や冷たさによるものです。中央の花は、そ
れを救う鍵だといえます。読み取り時に花が目につく場合は、愛や優
しさが状況を緩和させるでしょう。

剣 7 SEPT D'ÉPÉE

イメージ・フレーズ 〉 勇敢な行動が
勝利や改善を呼ぶ

カードが持つ意味 〉 勇気や不断の努力による勝利、
勇敢さ、奮闘

　3本ずつに分かれた剣の間を、7本目の剣が突き刺しています。こ
の青い剣は、曲げられた6本の剣に冷静な判断力と活力を与えていま
す。7は最もポジティブな数であり、このカードは厳しい剣のスート
の中でも、前向きな意味が与えられています。不断の努力による勝利
や、勇気や奮闘という意味を持ち、勇敢な行動は勝利や改善を呼び込
むでしょう。例えば、思い切ったクレームが受け入れられるなどです。
ただし情には欠け、妥協は許しません。

剣 8 　HUIT D'ÉPÉE

| イメージ・フレーズ | 無気力と疲れを感じる
不安定で不確実な状態 |
| カードが持つ意味 | 無気力、疲れ、怠惰、
不安定、不確実性 |

　8本の剣が4本ずつに分かれて対立した様相を見せ、その中央には暗い青色の花がひっそりと置かれています。ほかのカードでは明るい黄色の四隅の花も、ここでは暗く沈んだ青色に染まり、活力が感じられません。このカードは剣の中でも元気がなく、無気力や疲れという意味が与えられています。「剣7」ですっかりエネルギーを放出し、グッタリとした状態です。また、明確に決断を下せないような、不安定で不確実な状況も示しています。

剣 9 　NEUF D'ÉPÉE

| イメージ・フレーズ | 別離や破綻など
致命的で悲しい結末 |
| カードが持つ意味 | 別離、破綻、喪失、致命的、
計画の遅延 |

　4本ずつに分かれた剣の間を、短めの黄色い剣が突き刺しています。9は各スートの完結を表し、ここでは主に剣の鋭さや妥協しない厳しさによる、悲しい結末として設定されています。別れや破綻、破局、喪失など、悲しみの結末として想定される多くの事象が網羅され、意味として与えられているのです。ただし次の「剣10」で変化が起こるように、ここで幕を閉じるのではありません。最悪の状況に到達したら、その後は浮上するだけです。

剣 10　DIX D'ÉPÉE

イメージ・フレーズ	遠くに希望が見える 不幸や心配な状況
カードが持つ意味	不幸、心配、無駄な行い、 遠い先の希望

　4本ずつに分かれた8本の曲がった剣を支えるかのように、青い2本の剣が交差して刺さっています。「剣9」の最悪な状態に1本の剣が加わり、底からの脱却を促しているかのようです。陰極まれば陽に転ずるという通り、運の底辺から一歩踏み出し、先には好転の兆しが見える状態です。ただしまだ重苦しさは十分あり、不幸や無駄な行い、心配という意味が与えられています。その上で、朝陽が空を染め始めるような希望が見えているのです。

剣ネイヴ　VALET D'ÉPÉE

イメージ・フレーズ	悪巧みや偽善など 悪意を持つ人物
カードが持つ意味	悪意ある人物、悪巧み、 裏切り、偽善的、嘘

　無限大のマークに似た帽子を載せた高貴な服装の少年が、さやから剣を抜き出して、荒野に立っています。うつむいた表情は険しく、何かの悪巧みをしているように見えます。実際にこの少年は、悪意のある性格を持つと設定されています。冷たく意地悪で、目上に対しても恩知らずです。言葉は巧みでも偽善的で、話に心がこもっていません。そうした性質からこのカードには、悪意ある若者や、スパイのような裏切り行為などの意味があります。

剣ナイト CAVALIER D'ÉPÉE

イメージ・フレーズ ｜ 目標を目がけて一直線に突進する

カードが持つ意味 ｜ 積極的で勇敢な人物、冒険心、猪突猛進

甲冑(かっちゅう)をまとった騎士が、精悍(せいかん)な顔つきで馬に乗り、勢い良く前進しています。長い剣を持って前に突き出し、どのような敵が現れても走り抜ける冒険心と気概を感じさせます。馬も微笑(ほほえ)んで見えるように、剣のスートでありながらも、この騎士は人情味があり親切な性格です。その上で積極性と勇敢さにあふれ、目標を目がけて一直線に突進していくのです。ただし動きは精悍で迅速ですが、目標が達成できるかはまた別の問題になります。

剣クイーン REYNE D'ÉPÉE

イメージ・フレーズ ｜ 冷たさと厳しさで人を傷つける女性

カードが持つ意味 ｜ 神経質で厳しい女性、人を傷つける、批判

　怒りを想起する赤い剣を突き上げた女王が、玉座に座っています。その表情は眉をひそめて険しく、温かさは感じられません。この女王は神経質で厳しい性格を持っています。特に人の言葉に神経をとがらせ、批判や悪口には徹底的に歯向かいます。そして自身も権威を振りかざし、平然と人を傷つけるのです。女王の心に沈む悲しさや苦悩が、そうさせているのでしょう。このカードが出ると、そうした女性と関わったり、女王のような精神状態になったりすることを示します。

剣キング ROY D'ÉPÉE

ROY D'ÉPÉE
THE KING OF SWORDS

イメージ・フレーズ	容赦なく冷淡に決断を下せる人物
カードが持つ意味	几帳面で冷淡な男性、決断、警察や法律

　無限大のマークを彷彿とさせる帽子を載せた王が、さやから剣を抜き出し右手で掲げています。剣を見ずに微笑みながら、顔は未来を示す右側に向けています。豪華な玉座には浅く腰掛け、すぐに戦闘態勢を取れるようにしています。この王は几帳面で冷淡な性格ですが、頭の回転が速く決断力に優れ、法律などの専門知識を兼ね備えています。何かの決断を下すときには情状酌量の余地はなく、合理的な視点からズバッと切り裂くでしょう。

金貨エース UN DE DENIERS

イメージ・フレーズ	経済的成功が確約され物質的豊かさを得る
カードが持つ意味	金銭の増加、成功の確約、富と経済的安定

　満開の花が掘られた大きく豪華な金貨が、カード中央に置かれています。その上下には花がついたツタが伸びて、まるで祝福しているかのようです。このカードは「成功を象徴するお守りのようなカード」と小冊子で説明されるほど、輝かしいエネルギーを持っています。主に経済的豊かさを伴う社会的な成功全般に、純粋な力を与えます。このカードが結果に出れば、経済的成功と富が保証されるでしょう。ただし物質的な成功に限ります。

金貨 2 DEUX DE DENIERS

イメージ・
フレーズ ｝ 不誠実な相手による
約束の反故や裏切り

カードが
持つ意味 ｝ 約束の反故、詐欺、盗難、
経済面の不安

　S字型のベルトのようなものに2枚の金貨が巻きつけられ、それぞ
れが反対側に回り、2つの対立した動きを見せています。会社のクレ
ジットが描かれ美しいデザインのカードですが、2が示す二元性が衝
突する姿であり、金貨が司る経済面、物質面にマイナスの影響を与え
ます。仕事の約束が破棄や反故されたり、良い話を持ちかけられて
詐欺や盗難に遭ったりする心配があります。正反対に回る金貨のよう
に、人も物も信頼できない状態です。

金貨 3 TROIS DE DENIERS

イメージ・
フレーズ ｝ トラブルが解決し
計画が順調に進む

カードが
持つ意味 ｝ トラブルの解決、改善、
計画の実現、昇進

　対立していた「金貨2」の2枚に、もう1枚の金貨が加わっていま
す。その上下に伸びたツタは曲線を描き、2つのハート型をつくって
います。このカードは、第三者が入るなどして新たな流れが起こるこ
とにより、不信感のあった状況が改善されることを示しています。目
の前にあったトラブルは解決し、衝突があれば和解が成立します。計
画が順調に進んだり、昇進の話が入ったりします。特に金貨が示す経
済面に、良い影響が強く出るでしょう。

金貨 4　QUATRE DE DENIERS

イメージ・フレーズ	愛とお金に恵まれ 幸福感を味わう
カードが持つ意味	経済面の良い変化、 愛と金銭の到来、快楽

　4枚の金貨が曲線で彩られ、その中央には四角形で囲まれた赤と青の花が大きく描かれています。4は革新、刷新という意味を持ちますが、中央の花からもわかるように、ここでは希望に満ちたポジティブな変化を示します。経済状態に良い変化が生じ、幸福感を味わえるでしょう。花は愛情を象徴するため、経済面のみならず、愛情面に関しても大きな幸福感が期待できるカードです。お金や愛する人がやってきて、内外共に満たされるのです。

金貨 5　CINQ DE DENIERS

イメージ・フレーズ	我欲を満たすための 恋愛や人づき合い
カードが持つ意味	金銭目的の恋愛や交際、 強奪、支配欲

　中央の直線を分断するかのように、5枚目の金貨が置かれています。数字の5には支配や威圧という意味があり、金貨の性質も重なって、ここでは強引にお金を奪うような強欲さが表れます。恋愛や人づき合いはお金目当てでなされ、愛情や親切心はなく、我欲を満たすために笑顔を振りまきます。欲深さから何とかお金を得ても、愛情には傷がつくような状態です。強奪しても満たされるのは一時的で、結果的にすぐに貧しい状態に陥るのです。

金貨6 SIX DE DENIERS

イメージ・フレーズ } 意地悪な気持ちによる
妨害や否定的な憶測

カードが持つ意味 } 意地悪、妨害、悪い憶測、
非協力的、否定

　中央にがっつりと置かれた十字により、6つの金貨が離れ離れになっています。中央の4つの花はすべて青く沈んだ色で、勢いがありません。無機質な金貨の中の、最もネガティブな6であることから、このカードには情に欠ける意地悪な性質が与えられています。人の悪意による妨害や否定的な意見が入ったり、根拠のない悪い憶測が投げかけられたりします。非協力的な態度に落胆する場面もあります。経済面でも悪意に翻弄（ほんろう）されるでしょう。

金貨7 SEPT DE DENIERS

イメージ・フレーズ } 真面目な働きぶりで
経済的な成功を得る

カードが持つ意味 } 経済面の幸福、社会的成功、
勤勉な人物

　7枚目に加えられた中央の金貨を、丸い曲線が優しく包み込んでいます。下から生えた植物は分岐した枝を伸ばし、すくすくと成長しているように見えます。金貨の中の最良の7であることから、このカードにはストレートに、経済面における幸福という意味が与えられています。植物が金貨を守りながら成長しているように、経済状態も順調に伸びて発展し、富が増えていくでしょう。ビジネスマンなど真面目に働き成功する人物も示します。

金貨 8 HUIT DE DENIERS

イメージ・フレーズ	周りとの分断により 困窮状態に陥る
カードが 持つ意味	経済的困窮、嘘や裏切り、 不足、無駄な行動

　金貨が8枚並び、それぞれ厳しさを持つ直線で分断されています。中央に置かれた花は8本の鋭いトゲを生やし、このカードが穏やかではないことを物語っています。数字の8には苦痛、苦悩という意味があり、金貨では主に経済面の苦しさや、信頼できない人物を表します。周囲との分断により収入面が閉鎖的で、経済的苦しさを味わいがちです。また嘘や裏切りに遭い、不信感を持つ場面も想定できます。経済面も心も満たされない状態です。

金貨 9 NEUF DE DENIERS

イメージ・フレーズ	利益や生産の増加で 金銭的に豊かになる
カードが 持つ意味	金銭面の豊かさと幸福、 生産の増加、有益

　9枚目としてカードの中央に表れた金貨は、花から出たおしべのようなものに柔らかく包まれ、華やかに装飾されています。9が完結を示すように、この9枚目が金貨のスートをきれいな形で終わらせていることを表しています。金銭や物質に関する事柄が、良い結果を迎えて幕を下ろすのです。具体的には、収入が増えて金銭的に豊かになることや、生産物が増加すること、大きな利益を得ることなどが、このカードの意味に与えられています。

金貨 10 DIX DE DENIERS

イメージ・ フレーズ	経済面や事業の 改良が成功する
カードが 持つ意味	財産の増加、事業の成功、 改良、不動産

　ネガティブな数札の場合、絵柄に直線状の植物がよく表れます。し
かしこのカードでは、縦に走る中央の直線の上に2枚の金貨が乗って
いて、ネガティブな印象を克服しています。10は変化や変更を意味し
ますが、ここでは「金貨9」の金銭的な豊かさが、さらに加速してい
ます。財産が増加したり、大事業が成功したりと、金銭面に手放しで
良い状況が訪れるでしょう。不動産の購入のほか、経済面や事業の改
良が成功することも意味しています。

金貨ネイヴ VALET DE DENIERS

イメージ・ フレーズ	現実的メリットを求め 勉学を重ねる人物
カードが 持つ意味	現実的、お金への関心、 勉学、計算高さ

　ネイヴが金貨を掲げてそれを見つめ、草が生えた土地にしっかり
と両足をつき立っています。頭に載せた帽子は無限大のマークに似
て、このネイヴの豊かな将来性を彷彿とさせます。見た目は少年です
が、小冊子では女性と書かれ、女性的な性質が強いことを示唆してい
ます。このネイヴは親切ですが現実的で、特にお金について真面目に
勉学を重ねています。お金に関心が強い分、やや計算高かったり、散
財が多かったりする面もあります。

金貨ナイト CAVALIER DE DENIERS

イメージ・ フレーズ	現実的メリットを求め 情熱的に前進する
カードが 持つ意味	狡猾で得を追う人物、 情熱的な前進、投機

　馬に乗って進んでいる騎士が、目の前に浮かぶ金貨をうっとりとした表情で見つめています。この騎士は金銭欲が強く、経済的な豊かさやメリットを求めて前進しているのです。右手で棒を持っているのは、何かを得るために情熱を燃やして動く人物であることを示しています。そうしたことからこのカードは、メリットを得るためには手段を選ばない人物を表しています。策略家でときには悪巧（だく）みをし、株や宝くじ、ギャンブルにも積極的です。

金貨クイーン REYNE DE DENIERS

イメージ・ フレーズ	経済面に関心が強く 閉鎖的で空想的な女性
カードが 持つ意味	豊かでも慎重な女性、 閉鎖的、富への執着

　豪華な冠と笏（しゃく）を身につけた女王が、横を向いて手にした金貨を見つめています。経済的に豊かで安定していることはもちろん、手にしている富を大切に思っているのです。ただし、過去や内面を示す左側に完全に向いていることから、閉鎖的な性質であることは否めません。行動力も乏しく、ただ富を眺めて時間が過ぎていくのです。そうしたことからこのカードは、豊かで慎重な女性や、感受性が強く空想的で閉鎖的な女性を示しています。

金貨キング　ROY DE DENIERS

イメージ・フレーズ	豊かでパワフルな 高い業績を上げる人物
カードが持つ意味	豊かでパワフルな人物、 リーダー、高い業績

　無限大のマークに似た帽子を載せた王が、装飾された豪華な玉座に腰掛け、未来を示す右側を見つめています。右手に持っているのは、女王のものよりも小さな金貨です。腰掛け方が浅いのは、行動力に優れることを意味しています。この王は経済的に豊かであることはもちろん、パワフルで貿易や産業の経済活動で、高い業績を上げています。安定したリーダー性を発揮し、大勢に信頼されています。不正などへの厳しい態度も忘れません。

色々なマルセイユタロット

　中世から、マルセイユタロットは複数の人によって製作されてきました。なかでも17世紀にジャン・ノブレによって製作されたタロットは、個性的なデザインです。グリモー版では服が破れて少しお尻が出ているだけの「愚者」が、こちらではお尻全体だけでなく、男性器まで丸見えになっているのです。それでも涼しげに歩いている姿には、愛嬌を感じさせます。「悪魔」も性器が丸見えで、「奇術師」は左手に男性器のようなものを持っています。その露骨さから、このデッキは世間に広がらなかったのかもしれません。

　OTOに使用許可が必要なトートタロットとは違い、マルセイユタロットはパブリックドメイン、すなわち特に許可を取らなくても画像が使用できます。同じくパブリックドメインのウェイト版は、その画像をあちこちで見かけますし、そっくりのデザインの新版タロットも多くあるようです。オリジナルのマルセイユ版も時々お見かけし、実際に一般の方が製作したものを購入したこともあります。

　絵心があれば、オリジナルのマルセイユタロットを制作するといいでしょう。ただし私個人の意見として、現物そっくりに創っても意味がないと思っています。例えばスートが並んでいるだけの数札を、ウェイト版のようにある一場面に置き換えてしまう……というのも面白いですね。もちろんウェイト版の真似ではなく、オリジナルの場面を考え出せば、第二のパメラ・コールマン・スミスになれるかもしれません。

Chapter 4

実占編

タロット占いの基本

🎵 複雑なスプレッドも基本は一緒！

　タロットカード1枚1枚の意味を把握して、大まかにでもイメージフレーズを覚えたら、早速占いに入ってみましょう。まずは、占うときの心構えなどについて説明します。

　タロット占いには、何よりも集中力が大切です。ですから占う場所は静かで落ち着ける場所を選びましょう。占う時間帯は集中できればいつでも大丈夫ですが、深夜の遅い時間帯は避けた方がいいでしょう。また、疲れているときや感情の起伏が激しくなっているときも、占いを避けてください。

　タロット占いはカードが汚れないように、清潔な場所で行います。テーブルの上にタロットクロスや、カードがすべりやすい布を敷いて占うのがベストです。

　タロット占いには「スプレッド」といって、決まった形にカードを並べて占うという、様々な種類の展開法があります。本書では誰でも気軽に始められるように、代表的なスプレッドを紹介しています。

　スプレッドが違っても、タロット占いの過程は、カードを並べる段階まではまったく同じです。それから先は各スプレッドのページに飛んで、そのまま占いを続けてください。

Step 1 ▶ カードを混ぜる

　タロットカードの山を裏向きにして目の前に置き、それを両手で崩します。そして質問事項を頭の中で念じながら、両手で時計回りにカードを混ぜ続けます。自分の手からパワーをカードに注入するように意識してください。このときに、どのスプレッドを使うのかも思い浮かべてください。

Step 2 ▶ カードをまとめる

「もういいだろう」と思ったら混ぜている手を止めて、カードを両手でひとつの山にまとめます。カードを横向きにまとめた場合、基本的にカードの山の左端が頭になるようにします。しかしマルセイユタロットには、逆位置がありません。ですからどちらが頭なのかを、神経質に考える必要はありません。

Step 3 ▶ カードをカットする

　まとめたカードの山を、質問事項を念じながら3つに分けて、それを最初とは順番を変えてひとつの山に戻します。他人を占う場合は、相手にカットしてもらい、そして山をまとめてください。このカットは省略しても問題ありません。
　これで、準備完了です。ここから先は、それぞれのスプレッドのページへ飛んで占いを続けてください。

ワンオラクル one oracle

🎵 ワンオラクルはお手軽さが魅力！

　ワンオラクルとは、1枚のカードで占いの結果を出す、タロット占いの中でも最も簡単な方法です。時間がないときでもさっと簡単に占える点、イエスかノーがわかりやすい点がメリットです。まずはワンオラクルで、各カードに慣れ親しんでみてください。

　カードを混ぜてまとめたあと、裏向きのまま片手で崩して横一列に、ほぼ全カードが同じ間隔になるように並べます。そして質問を頭の中で念じながら、ピンとくるカードを1枚選んでください。そしてカードをめくり、何のカードかを確認します。逆位置で出て絵が見づらい場合は、正位置に直します。これでワンオラクルの占い方は完了です。ワンオラクルはカードを混ぜる時間は短くても、念が入っていなくても大丈夫。カードを選ぶときだけ意識を集中させましょう。

　次に「ワンオラクル一覧表」を掲載します。ワンオラクルで選んだカードを、この表で探して照らし合わせてください。マルセイユタロットの初心者であれば、いきなりすべてのカードの意味を覚えるのは大変です。ですからまずは表に記載した◎（非常に良い）、〇（良い）、△（普通）、×（悪い）の評価を重視して、カードの感触を少しずつかんでいってみてください。コートカードは基本的に人物像を示し、事象の良し悪しは二の次になるため、〇か△の評価になっています。

　ただし、どのカードにも良い面と悪い面があるため、評価がいつも正しいわけではありません。例えば評価が×の「神の家」でも、破壊のあとに目覚めや新鮮な展開が訪れると考えられます。ですからあくまでも、イメージをつかむまでの目安として考えましょう。

《大アルカナ》

カード	運勢	ワンポイントアドバイス
1・奇術師	○	頭が冴え創造力が湧き、何かを創作したり良案を出したりできる。
2・女教皇	△	強い義務感と忍耐力を持ち、勉強や地道な仕事に打ち込める。
3・女帝	◎	大胆に動いて手腕を発揮し、何かを生み出して豊かな状態を築く。
4・皇帝	◎	積極的に動いて計画通りに取り組み、大きな目標を達成できる。
5・教皇	○	弱い立場の人に慈愛心から親切にしたり、何かを教えたりできる。
6・恋人	△	優柔不断になり何かの選択で迷ったり、流されて決めたりしがち。
7・戦車	○	目標の達成に向かって脇目も振らず、一直線に前進できる。
8・正義	○	規則や時間をしっかり守りながら、役割を着々とこなしていく。
9・隠者	△	動きが少ない中で、過去や内面を見つめて静かに思索にふける。
10・運命の輪	○	状況が急に大きく変わり、今までとは違う展開が訪れる。
11・力	◎	自分の能力を最大限に引き出し、大きな物事を成功させる。
12・吊るされた男	×	自分を犠牲にしてまで人のために動いたり、働いたりする。
13・死	△	何かが完全に終了したり、中止になったりする。
14・節制	○	変動の少ない穏やかな流れの中で、リラックスして過ごせる。
15・悪魔	×	楽や自分だけの得を求めて、怠惰な悪い方向へと流される。
16・神の家	×	予想外の突然の出来事により、ダメージを受ける心配がある。
17・星	◎	美しい言葉や景色、場面に触れて、深い感動と陶酔感を覚える。
18・月	△	何かの結論が出ず、曖昧で不安定な不安を感じる状態に陥る。
19・太陽	◎	大勢で遊んだり笑ったりと、心から楽しいと感じる場面がある。
20・審判	◎	日頃の良い行いが認められ、物事が好転したり改善したりする。
21・世界	◎	何かの完成により深い幸福感を味わい、精神的に成長できる。
(無番号) 愚者	△	周りの空気を読めずに、軽率で無謀な行動を取ってしまう。

《小アルカナ》

棒 BATON

カード	運勢	ワンポイントアドバイス
棒エース	◎	強烈な情熱を燃やして、勢い良く新しい状況や物を創り出せる。
棒2	×	違う性格や意見を持つ人と、お互いに譲らず激しく衝突し合う。
棒3	○	険しい状況が好転し、多角的な視点から良いアイデアが生まれる。
棒4	○	関わる人達と協力関係を築き、良いコミュニケーションが取れる。
棒5	○	重圧感のある状況を克服して解放され、良い方向へと進める。
棒6	×	気弱になり、些細なことでためらったり、劣等感を刺激される。
棒7	◎	自分から積極的に動くことで、成功や改善するチャンスが訪れる。
棒8	×	精神的にネガティブになり、必要以上に疑ったり心配したりする。
棒9	○	落ち着いた静かな状況の中で、穏やかな幸福感を味わえる。
棒10	◎	事業などが成功し、次の新しい世界が目の前に展開されていく。
棒ネイヴ	○	野心と目標を持ちながら、地道に勉強や経験を重ねられる。
棒ナイト	○	楽しいと感じる方へ向かって、情熱を燃やし積極的に進んでいく。
棒クイーン	△	気性が荒くなり、人前で感情を出しワガママに振る舞う。
棒キング	○	野心や支配欲を掲げ、自ら動いたり戦ったりして成功する。

聖杯 COUPE

カード	運勢	ワンポイントアドバイス
聖杯エース	◎	清らかで気品ある愛情と友情を持ち合い、人と交流できる。
聖杯2	×	深い情念や憎しみをぶつけ合い、人と険悪な雰囲気になる。
聖杯3	○	周りの人達と調和し合い、豊かで朗らかな愛情を感じ合える。
聖杯4	×	人とわかり合えず、精神的な疲れや失望感、孤立感を味わう。
聖杯5	○	気分を重くしていた状況が緩和し、良い愛情や出会いに恵まれる。
聖杯6	×	嘘や誤解でわかり合えず、人と心が離れて悲しい思いをする。
聖杯7	◎	チヤホヤされたり両想いを実感したりと、愛情に自信を持てる。
聖杯8	×	大切な人と心が離れ離れになったと感じ、意気消沈する。
聖杯9	◎	大切な人と愛し合う実感を得たり、愛情に関する嬉しい話が入る。
聖杯10	○	周りと仲間意識を持って力を合わせ、何かを好転させられる。
聖杯ネイヴ	△	気紛れでワガママな少女のように幼い心になり、空想的になる。
聖杯ナイト	△	愛情深くロマンチストで感傷的になり、戦うエネルギーが出ない。
聖杯クイーン	○	母親のように愛情持って誰かに親切にしたり、されたりする。
聖杯キング	△	責任ある立場を任されても気が乗らず、気分に流される。

剣 ÉPÉE

カード	運勢	ワンポイントアドバイス
剣エース	◎	勝負事などで全力で戦い、周りに祝福されるような勝利を得る。
剣2	×	暴言や批判で相手に精神的にダメージを与えたり、受けたりする。
剣3	△	対立や衝突していたことに変化が生じ、白か黒かの結論が出る。
剣4	×	停滞していた物事に望んでいなかった結末が訪れ、ガッカリする。
剣5	△	悪い状況であっても果敢に飛び込んでいく勇気と積極性が出る。
剣6	×	人の心の冷たさや攻撃心により、思わぬ困難や災難に見舞われる。
剣7	○	努力の積み重ねや積極的で大胆な行動で、勝利や改善をつかむ。
剣8	△	無気力になり惰性に流されたり、不安定な状況に置かれたりする。
剣9	×	妥協しない厳しさや鋭さにより、悲しさを感じる結末が訪れる。
剣10	△	心配するような重苦しい状態の中で、遠い先には希望が見える。
剣ネイヴ	△	心がとがり、人に悪意を持ったり口先で話して嘘をついたりする。
剣ナイト	○	ひとつの目標に意識を集中させ、脇目も振らずに突進していく。
剣クイーン	△	人の言葉に神経をとがらせ、言動が厳しく批判的になる。
剣キング	○	豊かな知識と的確な判断力により決断を下し、成功できる。

金貨 DENIER

カード	運勢	ワンポイントアドバイス
金貨エース	◎	大きな価値ある物が得られ、経済的・物質的に豊かになる。
金貨2	×	不誠実な人により、金銭的に損をしたり約束を破られたりする。
金貨3	○	経済的トラブルが解決し、停滞していた物事が順調に進み出す。
金貨4	○	経済面や愛情面に良い変化が生じ、内外ともに満たされる。
金貨5	×	打算的な恋愛や人間関係に巻き込んだり、巻き込まれたりする。
金貨6	×	意地悪な気持ちにより妨害や批判をしたり、されたりする。
金貨7	◎	自分の役割に誠実に取り組み、物事がすくすくと成長していく。
金貨8	×	周りからの援助を得られず、経済的・精神的に困窮状態に陥る。
金貨9	◎	今までの行いや流れが実り、多くのお金や生産物に恵まれる。
金貨10	◎	良い物を入手したり収入額が増えたりと、良い変化が起こる。
金貨ネイヴ	○	経済的成功を求め、真面目にお金など現実的世界の勉強をする。
金貨ナイト	○	収益などの現実的メリットを求め、意欲的に順調に前進する。
金貨クイーン	△	過去やお金に執着したり、物思いにふけったりして行動しない。
金貨キング	○	現実を動かす行動力を備え、リーダーシップを発揮できる。

ツーオラクル　two oracle

♪「結果」と「対策」で問題解決！

　ワンオラクルの次に、2枚のカードで占うスプレッドの説明をしましょう。

　このスプレッドはワンオラクルをバージョンアップさせたものと考え、スプレッド名は「ツーオラクル」といいます。特定の質問に限らず、基本的にどんな物事でも占えます。まず、あなたから見て向かって右に置いたカードを「質問の結果」とします。これだけでしたらワンオラクルでも十分ですが、このツーオラクルでは、左に置いたカードを「対策」と設定します。その質問に関することを、上手く進めるための対策です。

　タロットのどのスプレッドでも、非常に重要なのは「結果」と「対策」です。せっかく占っても結果に望まないカードが出たら、落胆してしまいますよね。そこで「では、どうすればその悪い結果を回避できるのか？」という情報が必要になってくるのです。結果が良いカードであったら、対策は「さらに良い状況にするためには、どうすればいいのか」という視点から、活用できます。

「タロット占いの基本」（86ページ）を見て、カードを混ぜてまとめてカットしたあと、そのカードの山の上から7枚目を（右）に置いてください。そして手に残ったカードの山からさらに7枚目（つまり14枚目）を、（左）の位置に置いてください。それぞれカードを表にめくりながら置きます。逆位置で出て絵が見づらい場合は、正位置に直してください。これでツーオラクルは完了です。

② 問題解決の対策

どのような行動を取れ
ば、問題が良い方へ向
かうのかというアドバ
イスを示します。

①最終結果

この問題が、このまま
進めばどうなるのかと
いうことを示します。

あなた（占いをする人）

Case 1　片想いの人にバレンタインで好意を伝えると？

遠くに住んでいてなかなか会えない年下の男性に、片想いをしています。もうすぐバレンタインですが、チョコレートを送ってさり気なく好意を伝えたら、彼はどんな反応をしてくるでしょうか？

（30才・女性・派遣社員）

② 対策「聖杯6」

① 結果「剣6」

Answer

　読み取りが難しい数札が、2枚並びました。①結果に出た「剣6」のイメージフレーズは、「人の攻撃心による、困難や災難」です。これは、「彼はどんな反応をしてくるのか」という質問の回答ですから、何かしらの理由があって彼の攻撃心、すなわち怒りを掻き立て、冷たい態度を取られてしまう心配があると考えられます。

　②対策に出ているのは、「聖杯6」。聖杯がきれいに3つずつに分かれて分離している絵柄であり、別離や疎遠という意味を持ちます。平たくいえば、距離を保った方がいいということであり、何かを送ること自体をお勧めしていません。

　6は最もネガティブな数であり、それだけを見ても、良いことになるとはいえないようです。

　つき合い始めたばかりの女性と、今週末に2回目のデートする予定です。そのデートはどのようなムードになるでしょうか？　楽しいデートにするためには、どうすればいいでしょうか。

（21才・男性・大学生）

② 対策「棒ネイヴ」

① 結果「金貨10」

Answer

　①結果に出た「金貨10」はポジティブですが、愛情面の幸福ではなく経済的な豊かさを示すカードです。デート自体は大変ゴージャス感の漂う、満たされたものになるでしょう。例えばショッピングで高価な物を買ってあげたり、豪華なフルコースを楽しんだりするのかもしれません。ですから結果的に、豊かで楽しいデートになるといえそうです。

　②対策の「棒ネイヴ」には「夢に向かい、誠実に勉学を重ねる人物」という意味があります。ただお金に任せて楽しむだけではなく、自分の夢を熱く語るなどして、野心を持つ人物であることをアピールすると良さそうです。金貨が示す物質的な要素を減らし、精神的な交流を増やすことが必要なのでしょう。

$\mathcal{C}ase\,3$ 大企業との取引の交渉が成立するか

　明日の午後に会社で、大手企業と大事な取引について交渉する予定です。その交渉は成功し、晴れて大事業に結びつけることができるでしょうか。成立させるためのアドバイスがあれば教えてください。

（38才・男性・会社員）

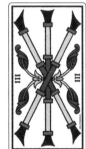

② 対策「剣クイーン」

① 結果「棒3」

$\mathcal{A}nswer$

　①結果の「棒3」のイメージフレーズは「険しい状況が好転し、良い案や知識が増える」であり、3本目の棒が対立を調停し、発展的なムードを生み出すという意味を持ちます。二者の意見に相違があるかもしれませんが、話し合いの結果妥協点が見つかり、取引が無事に成立する可能性が高いでしょう。

　②対策には「剣クイーン」が出ています。イメージフレーズは「冷たさと厳しさで人を傷つける」であり、対策としては、相手の話に丸め込まれず、少々言い合いになったとしても自分の意見や考えをぶつけていった方がいい……というように読めます。もし交渉時に女性がいるなら、その女性の意見を重視すると良い、というようにも判断できるでしょう。

Case 4　里親募集中のウサギをもらうとどうなる？

新しくウサギを飼いたいと思い、ネットで里親募集をしているウサギを探したところ、いいなと思う子が見つかりました。その子を引き取ったら、無事になついてくれるでしょうか？

(51オ・女性・主婦)

② 対策「金貨ナイト」

① 結果「世界」

Answer

①結果には、すべてのカードの中で最高のパワーを持つ「世界」が出ました。イメージフレーズは、「完成と完全により、幸福感や誇りを味わう」です。引き取りたいと思っているウサギを迎え入れれば、家族にしっかりとなつき、皆から愛情を注がれるアイドル的な存在になるでしょう。ウサギ自身はもちろん、家族全員も幸せになれるはずです。もらって良かったと心から思える結果になりそうです。

②対策は「金貨ナイト」で、狡猾で得を追う人物や、情熱的な前進という意味があります。得を追うナイトのように、すぐにでも引き取りの連絡を入れなさいと伝えています。油断してのんびりしていると、ほかの人に先を越される可能性がありそうです。

スリーマインド　three mind

♪ 3枚のカードで人の心を占う

　スリーマインドは、気になる人が現在自分のことをどう思っている
かを知りたいときに使用します。

　鑑定で一番多い依頼内容が、「好きな人の気持ちを占って欲しい」と
いうものです。一般的なスプレッドでは、相手の気持ちは大抵1枚の
カードだけです。しかしこのスプレッドでは3枚のカードを使い、詳
しく占うことができます。

　人間の心は複雑であり、一枚岩ではありません。本人でも気がつい
ている表面的な意識と、それよりも一歩踏み込んだ深い感情である中
間意識、そして本人も気づかないような本音もしくは恋愛感情の有無
を示す潜在意識の3層に分けて、気になる人の気持ちを分析します。
「タロット占いの基本」（86ページ）を見て、カードを混ぜてまとめ
てカットしたあと、そのカードの山の上から7枚目を①に置いてくだ
さい。そして手に残ったカードの山からさらに7枚目（つまり14枚目）
を②の位置に置き、手に残ったカードの上からさらに7枚目（つまり
21枚目）を③に置きます。それぞれカードを表にめくりながら置きま
す。逆位置で出て絵が見づらい場合は、正位置に直してください。こ
れでスリーマインドは完了です。

　それぞれの位置が持つ意味は、①相手の占う人への表面意識、②相
手の占う人への中間意識、③相手の占う人への潜在意識もしくは恋愛
感情です。表面意識は建前、潜在意識は本音、中間意識はその間の感
情ということになり、一番重要なのは③になります。

① 表面意識

② 中間意識

③ 潜在意識もしくは
恋愛感情

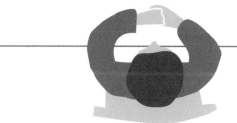
あなた（占いをする人）

Case 1　会社の先輩に恋愛感情はあるか

いつも親切にしてくれる同じ会社の先輩に、半年間ほど片想いを
しています。彼には現在、恋人はいないようです。普段から仕事の話
しかできていませんが、彼は私に少しでも恋愛感情がありますか？

(28才・女性・OL)

① 表面意識「聖杯10」

② 中間意識「金貨エース」

③ 恋愛感情「剣エース」

Answer

　勢いの強い数札が並んでいます。①表
面意識の「聖杯10」には、仲間意識や友
情という意味があります。それも最大数の
10ですから、大変豊かな情といえるでしょ
う。②中間意識の「金貨エース」は、心の
少し深い部分において、宝物のように大事
な人だ思っていることが読み取れます。た
だし金貨のため、現実的な視点からの感情
です。

　ここでは③は、恋愛感情の有無に設定し
ます。「剣エース」は勢いが強く「勝利」と
いう意味があり、一見恋愛感情があると読
めるかもしれません。ただし攻撃性が強く
温かさはないため、「恋愛感情はない」と
判断します。特別な強い感情があるのは確
かですが、それは質問者の恋心に、気づい
ているからかもしれません。

Case 2 　連絡が途絶えがちな友人の気持ちは？

　学生時代から親しくしている友人がいて、今は遠方に住んでいます。最近その友人からのメールの返信がなかったり遅かったりと、途絶えがちになっています。その友人は今、私のことをどう思っているのでしょうか。

(41才・女性・主婦)

① 表面意識「剣8」

② 中間意識「女教皇」

③ 恋愛感情「死」

Answer

　①表面意識の「剣8」には、無気力や怠惰という意味があります。決して質問者を悪く思っているわけではありませんが、連絡のやり取りに対して気力を失っているのかもしれません。②中間意識の「女教皇」では冷静でシャンとした意識があり、返信をしなかったり遅らせたりするのは、意図的だと考えられます。その原因は①にあり、連絡内容がパターン化してマンネリ気味など、充実感を味わえないことが考えられます。

　③潜在意識の「死」は、縁を切ろうとする気持ちとも、質問者の存在感が弱まっているとも読めます。どちらにしても遠方に住み、時間の経過と共に、質問者の存在感が風化しかけていそうです。交際パターンを変える必要があるのでしょう。

Case 3　素っ気ない態度を取る生徒の気持ちは？

趣味の教室の教師をしています。生徒の中で１人だけ、私に対してつっけんどんな態度を取ってくるように感じます。話しかけると、不快そうな表情を見せるのです。一体どう思っているのでしょうか。

（62才・女性・専門職）

① 表面意識 「剣７」

② 中間意識 「節制」

③ 恋愛感情 「皇帝」

Answer

大アルカナが３枚中２枚出ていて、この生徒が質問者に強い感情を持つことがうかがえます。①表面意識の「剣７」のイメージフレーズは「勇敢な行動が、勝利や改善を呼ぶ」であり、どうやら戦う気持ちがあると判断できます。しかし②中間意識には、調和や友情という意味を持つ「節制」が出ていて、決して根深い闘争心を持つわけではなさそうです。基本的には質問者に、優しく穏やかな感情があるのでしょう。

③潜在意識の「皇帝」には権威や権力者という意味があり、ここから生徒の自尊心の強さが読み取れます。「自分の方が上である」という自意識があり、それが教師という権威的存在に対して、つっけんどんな態度を取らせるのでは……と考えられます。

Case 4　直属の上司の評価はどのくらい高いのか

　新しい部署に配属されて、3か月ほど経過しました。取りあえず大きな失敗もなく、無事に仕事を進めています。今の直属の上司は、自分の仕事振りに対して、どのくらい高く評価してくれているでしょうか。

（29才・男性・会社員）

①表面意識「聖杯9」

②中間意識「金貨4」

③恋愛感情「恋人」

Answer

　①表面意識は、聖杯のスートを完結させる「聖杯9」です。「幸福な愛」という意味が強く、仕事面の評価は別として、人間的な面は素晴らしいと感じていると読み取れます。強い好感も持っているでしょう。②中間意識の「金貨4」は、主に経済面での幸福感を示し、やはり好印象が強そうです。人間性を認めていることが良い効果を生み、仕事の評価も前向きに捉えているでしょう。

　③潜在意識は大アルカナの「恋人」で、最も重要なカードです。迷いや優柔不断という不安定な意味があり、まだ根本的な部分において、仕事面では明確な評価を下すまでに至っていないと考えられます。3か月間程度では、完全に能力を把握できないのかもしれません。

クロススプレッド cross spread

♪ 問題を多角的な視点から解決するスプレッド

クロススプレッドは、5枚のカードを十字の形に並べます。古くから存在するスプレッドで、キリスト教色が強いマルセイユタロットとの相性は抜群です。ただしスプレッドの並べ順や各位置に与えられた意味には一貫性がなく、本や占い師によってまちまちになっています。

ここでは5枚のカードを使ってひとつの問題と向き合い、その問題を分析しつつ、「どのように解決するのか」ということに重点を置いたスプレッドを考案しました。問題の原因と、問題のプラス面とマイナス面を出し、その問題がどのような状態になっているのかを多角的に読み取ります。それだけではなく、迷いなく読み取れることを考慮して、「問題解決のために、どのように動けばいいのか」という対策のカードも入れています。対策のカードを入れず、自分自身で対策を読み取るスプレッドも多く存在します。しかし、特に初心者にとってはその作業がわずらわしく感じたり、「本当にこれでいいのか」と不安を感じたりするものです。そうした場合に、カード自体が示してくれる対策は、非常に心強いものになります。

「タロット占いの基本」（86ページ）を見て、カードを混ぜてまとめてカットしたあと、そのカードの山の上から7枚目を①に置いてください。そして手に残ったカードの山から続けて8枚目を②に置き、9枚目を③に、10枚目を④に置きます。手に残ったカードの上からさらに7枚目（つまり17枚目）を、中央の⑤に置きます。それぞれカードを表にめくりながら置き、逆位置で出て絵が見づらい場合は、正位置に直してください。これでクロススプレッドは完了です。

次に、それぞれの位置が持つ意味を説明します。

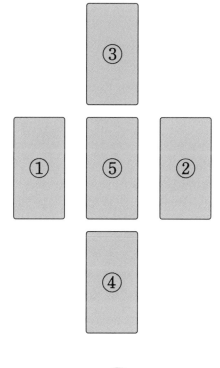

① 問題の原因
何故その問題が生じたのかという、根本的な原因を示します。

② 問題解決の対策
具体的にどのような行動を取れば、問題が良い方へ向かうのかというアドバイスを示します。基本的にこのカードは、最後に確認するといいでしょう。

③ 問題のプラス点
その問題には、どのようなプラス点があるかということを示します。

④ 問題のマイナス点
その問題には、どのようなマイナス点があるかということを示します。

⑤ 最終結果
その問題が、このまま進めば最終的にどうなるのかということを示します。

あなた（占いをする人）

Case 1 ケンカをした恋人と仲直りできるか

　恋人にワガママを言ってケンカになり、それから彼との連絡が途絶えてしまいました。メッセージを送っても既読にもなりません。それから早くも1か月が経過しています。いつか仲直りできますか？

（20才・女性・アルバイト）

③ 問題のプラス点「金貨2」

① 問題の原因「剣キング」

⑤ 最終結果「聖杯ナイト」

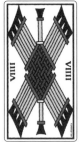

② 問題解決の対策「棒9」

④ 問題のマイナス点「棒キング」

　たった5枚のスプレッドにキングが2枚も、ナイトも合わせると、男性のコートカードが3枚も出ています。これは女性である質問者よりも、恋人である男性の方のエネルギーが圧倒的に勝（まさ）っている状況を示すといえそうです。

　①問題の原因には「剣キング」が出ていて、このケンカの根本は、男性のプライドを傷つけて怒らせたことだと判断できます。恋人は頭がいいですが、不快なことをバッサリ切り落とすような冷淡さがあるのでしょう。

　ここで、仲直りできるかどうかを示す⑤最終結果を確認してみます。「聖杯ナイト」は男性が愛を伝えにいくカードですから、やがて彼の方から連絡が来る可能性が高いでしょう。ただしナイトの表情が沈んでいるように、しぶしぶ、仕方なく……という雰囲気での連絡になると想像できます。

　次に、③問題のプラス点を確認します。「金貨2」には裏切りなどの意味がありますが、絵柄を見ると2つの金貨がS字型のベルトで結ばれ、互いに逆方向に回っています。それをプラス面として判断すると、今回のケンカによって「お互いにまったく違う価値観を持っていること」が明確になり、それが今後の交際に良い形で活かされると考えられます。

　④問題のマイナス点には、①「剣キング」に似たイメージを持つ「棒キング」が出ています。今回のケンカにより、彼の傲慢（ごうまん）でワンマンな態度が強まってしまいそうです。仲直りしたあと、質問者は彼の威圧感を気にして、相手を立てながら交際することになるでしょう。

　それを裏づけるかのように、②問題解決の対策には、「知恵と謙虚さが、静かな幸福感を呼ぶ」というイメージフレーズの「棒9」が出ています。すなわち、彼の前では謙虚になり、そして感情的になるのではなく、知恵を使って交際しなさい……というアドバイスです。交際を続けたいのであれば、できるだけワガママを抑えて、彼のペースで付き合っていく必要があるといえます。

Case 2 本の企画書が通って出版できるか

　脱サラ後に、細々とライター業を続けています。本を出版したいと思い、複数の企画書をあちこちの出版社に持っていくのですが、受け入れてもらえません。いずれ出版にこぎつけられるでしょうか?

（38オ・男性・フリーランス）

③問題のプラス点「金貨ネイヴ」

①問題の原因「太陽」

⑤最終結果「剣3」

②問題解決の対策「剣4」

④問題のマイナス点「月」

Answer

　まず、①問題の原因を見ると「太陽」が出ています。イメージフレーズは「屈託のない明るい心」と、ポジティブな内容です。それが原因ということは、「簡単に通るだろう」と楽観視をして深く考えずに企画書を作成したり、もしくは初っ端から「有名になりたい」という、高すぎる目標を掲げていたりしたのかもしれません。実際に質問者が目の前にいる場合は、そうしたことを尋ねて確認するといいでしょう。

　次に、③問題のプラス点を見ると、「金貨ネイヴ」が出ています。イメージフレーズは「現実的メリットを求め、勉学を重ねる人物」です。なかなか出版できない状況を通して企画内容を考え続けるなど、自然と研究を重ねることになるのでしょう。それが知識や経験を増やすことになり、将来に役立つかもしれません。

　④問題のマイナス点は、「曖昧さと不安定が招く、強い不安感」というイメージフレーズを持つ「月」です。その言葉通り、「いつまで続ければいいんだろう」という漠然とした不安を抱え、気持ちが晴れない状態が続くでしょう。自分の才能や未来に対する不安が募る可能性もあります。大アルカナであることから、かなり強い影響であることがわかります。

　⑤最終結果に出ている「剣3」には、「対立に結論が出る」という意味があり、白黒はっきりとした結論を出せることを示します。しかしこのカードだけでは、白なのか黒なのかの判別が難しくなります。そこで大きなヒントになるのが、②問題解決の対策に出ている「剣4」です。イメージフレーズは「失望や傷心する変化が訪れる」であり、平たくいえばカードは質問者に、「もう諦めなさい」というアドバイスを送っているのです。そのことから、このまま頑張り続けても出版が叶う可能性は低いと判断できます。結果の「剣3」には、出版できるほどの強さはないことからも、いずれ見切りをつけた方がいいことが読み取れるでしょう。

Case 3 マンションの上の階の騒音問題は？

　マンションの上の階の住人の騒音に悩まされています。夜遅く帰ってきて、明け方まで動き回っているようです。たまに挨拶はしますが、注意していいものか迷っています。どうすればいいでしょうか？

（52才・女性・主婦）

③ 問題のプラス点「剣ナイト」

① 問題の原因「金貨4」

⑤ 最終結果「聖杯3」

② 問題解決の対策「剣2」

④ 問題のマイナス点「吊るされた男」

　①問題の原因の「金貨4」のイメージフレーズは、「愛とお金に恵まれ、幸福感を味わう」です。ここでは、上の階の住人に関することと判断します。上の住人は精神的にも経済的にも豊かな生活を送り、質問者が悩んでいることにまったく気づかず、幸福感を味わっている可能性があります。

　ここで②問題解決の対策を確認すると、言葉による対立を意味する「剣2」が出ています。平たくアドバイスとして読むと、「ケンカをしなさい」であり、すなわち管理会社を通すより、直接相手と向き合って状況を伝えた方がいい……と判断できます。

　③問題のプラス点の「剣ナイト」は、猪突猛進する積極的で勇敢な人物を表しています。この問題を通して、質問者が自分の意志で問題を解決していく勇敢さと積極性が身につく……という感じに読めます。この占いがなかったとしても、いずれ質問者は自分から動くことになるとも感じられます。

　④問題のマイナス点には、唯一の大アルカナの「吊るされた男」が出ています。その絵柄のイメージ通り、毎日騒音にジッと耐え忍ばなければなりません。マイナス点に出ているため、それで忍耐力が鍛えられることもなく、自己犠牲としてただ精神を消耗してしまいそうです。

　それでは質問者が自ら動くことにより、状況はどうなるでしょうか。それを示す⑤最終結果は、「聖杯3」です。対立している2つの聖杯に、もうひとつが加わり調停された状態で、調和した交際や幸福な結末、という意味を持ちます。質問者の苦しい訴えは、相手の心にスムーズに届き、すんなりと理解してもらえそうです。そのことをキッカケにして、心が通う交流もできるようになるかもしれません。それは上の階の住人が、①問題の原因の「金貨4」のように、満たされた状態であるからだといえます。

　どちらにしても根深い問題ではなく、何かのキッカケさえあれば穏やかな状態に持ち込めるでしょう。

ケルト十字 celtic cross

♪ 問題を掘り下げて読むのに適したスプレッド

　ケルト十字は、どのタロットの解説書にも必ず載っているといっていいほど、非常にポピュラーな展開法です。ケルト十字法の一番の特徴は、質問者の今の状態や心理が非常に詳しくわかるという点。全部で10枚のカードを展開しますが、その中に質問者の現状や心理を示すカードだけで4枚もあります。ですから占う人のその問題に対する心理や状況を深く掘り下げることに、大きな力を発揮する展開法なのです。相手に関する情報は1枚しかないため、相手がいる場合の恋愛運を占うのには、適していません。

　「タロット占いの基本」（86ページ）の手順でカードを混ぜてまとめてカットした後、一番上から7枚目のカードを①に置き、続けて8枚目を②にクロスして置きます。このときカードの上方が左になるように置きます。そして続けて9枚目を③、10枚目を④、11枚目を⑤、12枚目を⑥に置きます。そして残ったカードの山からさらに上から7枚目（つまり19枚目）を⑦、続く20枚目を⑧、21枚目を⑨、22枚目を⑩に置きます。それぞれカードを表にめくりながら置きます。逆位置で出て絵が見づらい場合は、正位置に直してください。これでケルト十字の展開は完了です。

① 問題の現在

その問題が今どのような状況であるかを示します。

② その問題の障害・援助

基本的にネガティブなカードであれば、その問題の障害になっている点を、ポジティブなカードであれば、その問題の救いになっている点を示します。

③ 質問者の表面的な気持ち

質問者がその問題に対して、どのような気持ちでいるかを示します。

④ 質問者の潜在的な気持ち

質問者がその問題に対して、潜在的にはどのような気持ちがあるのかを示します。質問者自身も気がついていない気持ちです。

⑤ 問題の過去

その問題が、過去にどのような状況だったかを示します。

⑥ 問題の近い未来

その問題が、近い未来にどのような状況になるかを示します。

⑦ 質問者の立場

質問者が今現在、どのような立場に置かれているかを示します。

あなた（占いをする人）

⑧ 周囲の状況・気持ち

問題に関する相手や周囲の状況を示します。

⑨ 質問者の期待・恐れ

基本的にポジティブなカードであれば、質問者がどのような結果を期待しているかを、ネガティブなカードであれば、どのような結果を恐れているかを示します。

⑩ 最終結果

問題の最終結果を示します。

Case 1 結婚できない原因と今後の可能性は？

　若い頃から結婚願望がありますが、出会う機会が少ないせいか、なかなか結婚の縁がありません。自分のどこかに問題があるのでしょうか。そして近いうちに結婚のチャンスが訪れるでしょうか。

（36才・女性・派遣社員）

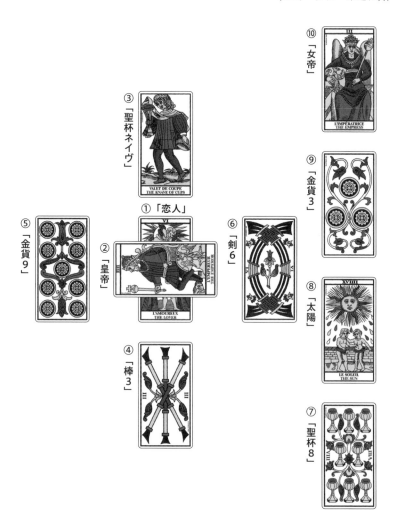

⑩「女帝」
③「聖杯ネイヴ」
⑨「金貨3」
⑤「金貨9」
①「恋人」
②「皇帝」
⑥「剣6」
⑧「太陽」
④「棒3」
⑦「聖杯8」

Answer

　大アルカナが10枚中４枚とやや多く、質問者にとって重要な問題だと判断できます。大アルカナは全体の３割弱のため、４割以上出れば多いと判断します。

　まず、現在の質問者の状態を確認します。①現在は、迷いやとまどいを表す「恋人」であり、⑦質問者の現在の立場は、感傷的な失望を示す「聖杯８」です。いいなと思う人はいても、結婚相手と考えるには決断し切れないのでしょう。その上に結婚に対して失望し、婚活をする元気も出ない状態です。③表面的な気持ちは「聖杯ネイヴ」で、やはり感傷的な気持ちが強く表に出て、受け身な姿勢が感じられます。そうした中で、④潜在的な気持ちは「棒３」。「良い案や知識が増える」というポジティブな意味ですが、棒のスートは仕事の意味が強くなります。そのため潜在意識では、結婚よりも仕事や勉強に希望を見出している気配があります。⑨質問者の期待を示す「金貨３」には「計画が順調に進む」という意味があり、金貨のスートのため純粋な愛情ではなく、形式的なものを求めていることがうかがえます。⑤過去の「金貨９」には、金銭面の豊かさと幸福という意味があり、過去も愛情より仕事やお金を重視していたと考えられます。

　トータル的に判断すると、愛情より結婚という形式や経済面を重視していること、結婚を諦めはじめて受け身な姿勢が強いことが、結婚に進めない原因だといえるでしょう。

　今後はどうなるでしょうか。⑥近い未来には「人の攻撃心による、困難や災難」というイメージフレーズを持つ「剣６」が表れ、まだしばらくは人からの蔑視が気になるなど、落ち込む状態が続くでしょう。しかし⑩最終結果の「女帝」は、はっきりと豊かな結婚ができることを示しています。②問題の援助を示す「皇帝」とペアカードであり、皇帝のような実行力と経済力のある男性と縁ができそうです。⑧周囲の状況・気持ちの「太陽」は、質問者が周りから好感を持たれていることを示します。現在周りにいる人の中から、素晴らしい男性が登場するのかもしれません。

Case 2 趣味を副業にしたら収入を得られる？

　子育てもようやく落ち着き、時間的に余裕ができてきました。手芸や編み物が趣味で、多くの服や小物を作っています。ネットで通販を始めてこの趣味を副業にしたら、それなりに収入を得られるでしょうか。

（47才・女性・主婦）

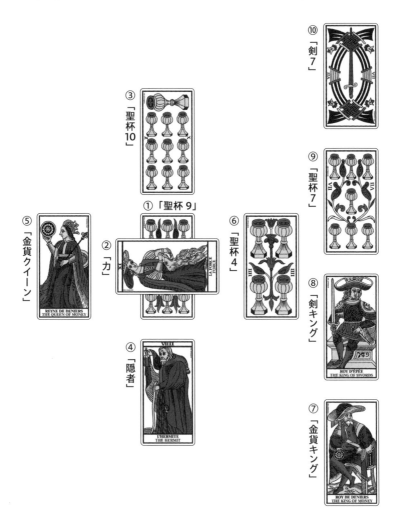

⑩「剣7」
③「聖杯10」
⑨「聖杯7」
①「聖杯9」
⑤「金貨クイーン」
②「力」
⑥「聖杯4」
⑧「剣キング」
④「隠者」
⑦「金貨キング」

Answer

　展開したカードを見渡すと、仕事の相談であるにも関わらず、聖杯の
スートが４枚出て目立っています。そのため質問者にとって、お金よりも
精神的な幸福感がテーマの問題であると判断できます。

　まずは、ペアカードである⑤過去「金貨クイーン」と、⑦質問者の立
場「金貨キング」が気になります。質問者は過去から勤勉に仕事や家事を
こなし、働いているご主人もいることから、現在は経済的に裕福でお金に
困っていないのではないでしょうか。そうしたことも、聖杯のスートが多
くなっている一因であると考えられます。

　①現在「聖杯９」のイメージフレーズは「幸福と喜びに満ちた、夫婦円
満と子孫繁栄」で、やはり満たされた状況であることがわかります。④潜
在的な気持ちの「隠者」からは、この問題について深くじっくり検討して
いる様子がうかがえます。しかし、家庭円満や喜ばしい変化という意味の
③表面的な気持ちの「聖杯10」と、高い人気で心が満たされるという意
味の⑨質問者の期待の「聖杯７」を合わせてみても、強いワクワク感を持
ちながら、この副業に大きな期待を寄せていることがわかります。

　それでは、未来がどうなるのかを確認しましょう。ここでは⑥近い未来
は、ネット販売を開始した直後の状況と設定して、シャッフルしています。
⑥近い未来「聖杯４」のイメージフレーズは「精神的に孤立し、失望や疲
れを味わう」です。⑧周囲の状況・気持ち「剣キング」がネット上の購買
者だと考えると、購買者は意外と商品に対して厳しい視点を持っているよ
うです。開始直後には思い通りに売れなかったり、思わぬクレームが入っ
たりと、出鼻をくじかれたような気分に陥る可能性があります。

　それでも⑩最終結果には、勇気や不断の努力による勝利という意味の
「剣７」が出ていますから、心配しなくて大丈夫です。②問題の援助には、
女性が獅子を抑える絵柄の「力」が出ています。ですから少々の困難にく
じけることなく、きっと全力投球してやり遂げ、結果的に良い成果を出せ
るでしょう。

Case 3 仕事を辞めてから引きこもり状態に

　4か月前に職場で衝突して、仕事を辞めました。その後は自宅に引きこもっていて、ほとんど外出しない日々が続いています。このままでは良くないと悩むのですが、動けません。対策を教えてください。

（25才・男性・無職）

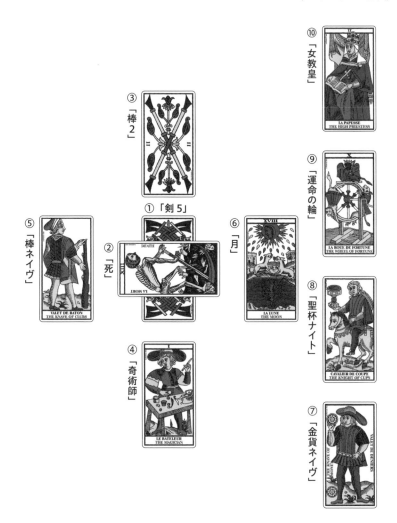

⑩「女教皇」
③「棒2」
①「剣5」
⑤「棒ネイヴ」
②「死」
⑥「月」
⑨「運命の輪」
④「奇術師」
⑧「聖杯ナイト」
⑦「金貨ネイヴ」

Answer

　全体を見渡すと大アルカナが5枚もあり、質問者にとって重大な問題であると判断できます。それ以外の大きな特徴として、知力や勉学に関する人物を示すカードが、複数枚出ている点が挙げられます。引きこもっているからヤル気に欠けるというわけではないようです。

　まずは、現在の質問者の状態を確認します。①現在の「剣5」のイメージフレーズは、「悪い状況に飛び込む、戦いを辞さない姿勢」です。③表面的な気持ちが、不和や競争を意味する「棒2」であることも合わせると、何かと戦う気持ちを抱えていそうです。それは、辞めた会社に対する怒りかもしれませんし、自身の状況を良くすることかもしれません。

　また、⑤過去には「棒ネイヴ」、⑦質問者の立場には「金貨ネイヴ」という、勉強中の若者のカードが出ています。ここから、勉強好きで向学心のある様子がうかがえます。そしてそれは、④潜在的な気持ちの「奇術師」にも、裏づけするかのように表れています。知的な面においては、自信を持っているのです。⑨質問者の期待の「運命の輪」には、「いつか、この状態を脱するチャンスが来るはずだ」という強い期待が込められています。それは根本的に自信があり、前向きだからこその期待でしょう。

　⑧周囲の状況・気持ちの「聖杯ナイト」は、家族や恋人など質問者に愛情を持つ人が、心配している姿であると感じられます。

　今後はどうなっていくでしょうか。⑥近い未来は「月」とまだ不安を感じる状態が続きますが、⑩最終結果の「女教皇」は、専門知識を確立させることを想像させます。引きこもっている間に多大な勉学を重ね、博識になるのでしょう。ただし椅子に座ったままの姿で、外に出て行動するイメージではありません。

　②問題の障害を示す「死」が、鍵になります。動き出すきっかけや目的がないことが、ネックであると伝えているのです。「死」が示す0の状態を1にすべく、ほんの少しでも動く必要があります。趣味の集まりなどに出かけ、知識を活かす場を求めてはいかがでしょうか。

使い終わった後のカードのしまい方

　タロット占いの通信講座で、たまに「占った後の、タロットカードのしまい方」についてご質問をいただくことがあります。例えば、カードの順番通りに並べ直した方がいいのかとか、袋や箱にしまうときに上に向けるのは、絵柄の方と裏面のどちらがいいのか……などです。前者については、番号通りに並べるとカードの浄化になるという説があるようですが、特に根拠はありませんし、毎日カードを使う人にとっては結構な手間になってしまいます。ひと言でいえば、「本人が納得できるしまい方が、一番いい」ということになります。

　私自身は、占い終わった後はカードを並べ直すようなことはせず、感謝の気持ちをカードに伝えて、そのまましまいます。ただしひとつだけ、手をかけていることがあります。それは一番上に来る、絵柄が見えるカード……いわゆる「ボトムカード」を選ぶ、ということです。

　しまうときに裏面を上に向けるとしても、その底にある絵柄が見えるカードが何となく気になりますよね。そのカードはできるだけネガティブなイメージのものは避け、自分が好きなカードを選ぶのです。

　もし願い事があるなら、それに関連するカードでもいいでしょう。明るく元気になりたいのであれば「太陽」を選び、お金に恵まれたいのであれば、「金貨エース」を選ぶ……。

　ほんの些細なことですが、そうすることで選んだカードが潜在意識に入り込み、わずかな希望が感じられるように思います。

参考文献

◎コレット・シルヴェストル・アエベルレ著、星みわーる訳『マルセイユ版タロットの ABC』（郁朋社、2010 年）

◎伊泉龍一、ジューン澁澤共著『リーディング・ザ・タロット―大アルカナの実践とマルセイユ・タロットのイコノグラフィー―』（駒草出版、2009 年）

◎伊泉龍一『タロット大全―歴史から図像まで』（紀伊国屋書店、2004 年）

◎サラ・バートレット著、伊泉龍一監訳『アイコニック・タロット　イタリア・ルネサンスの寓意画から現代のタロット・アートの世界まで』（グラフィック社、2023 年）

◎浜田優子『新釈マルセイユタロット詳解―運勢好転への羅針盤』（東洋書院、2016 年）

◎藤森 緑『実践タロット占い』（説話社、2020 年）

◎藤森 緑『はじめての人のためのらくらくタロット入門』（説話社、2008 年）

◎藤森 緑『続はじめての人のためのらくらくタロット入門』（説話社、2009 年）

◎J-M.Simon, THE ART OF PLAYING TAROT CARDS, GRIMAUD, 1977

本書掲載のタロットカードは著者私物の
「TAROT OF MARSEILES」（GRIMAUD）です。

おわりに

　念願だったマルセイユタロット占いの解説書を書き終え、すべての原稿の読み直しが終わりました。こうして「おわりに」にたどり着くことができた今、心から安堵しています。

「はじめに」にも書いたように、マルセイユタロットは2番目に人気がありながらも、現在、気軽に占いに入れるような解説書は大変少ない状況です。特に「マルセイユタロットは、数札の読み方が難しい」というイメージを少しでも払拭したい……という希望を持ち、この本を執筆させていただきました。

　大アルカナとコートカードには具体的な絵柄があるため、多分それほど読み取り方は難しくないでしょう。シンプルな絵柄の数札も、これらのカードように絵柄から意味をイメージすることができたなら……そんな思いを持ち、1枚1枚の数札と丁寧に向き合いました。そして見つめるごとに、数札の絵柄にも意外と多くの意味が隠されていることに気づいたのです。ハートを形成するツタの豊かな曲線、直線の植物が醸し出す冷たい雰囲気、カードの勢いを暗示する花の形……。それは、単にウェイト版の意味を使い回していては、気がつかないものでした。そうした絵柄のイメージを重視し、読み取りやすいようにと各カードの解説を執筆しています。曲線のツタと華やかな花を持つ「聖杯5」には、ポジティブな意味を加えるなど、できるだけ占いやすくなるようにと微調整を図っています。

しかし、本来マルセイユタロットには、占い上の意味はありませんでした。本書に記載した意味は、あくまでも占いに一歩踏み出すためのものです。実占を重ねるごとに、自分自身でも新たな意味を見出していくでしょう。タロット占いは、そうやって自分自身でつくり上げていくものなのです。

　マルセイユタロットの絵柄は、大変シンプルです。それ故に、深く多角的に読み取っていくためには、豊かな人生経験とさまざまな視点が必要です。あなたがこれから豊かな人生を歩み、それと共に豊かなタロット占いができるようになることを、願ってやみません。

　今回も、説話社の取締役 CEO の高木利幸さんには、企画の段階から大変お世話になりました。願いを実現させていただいたことに、心より感謝を申し上げます。そして、過去に 2 冊のらくらくシリーズのデザインを担当してくださった染谷千秋さんに、今回もデザインを制作していただきました。ほかにも多くの方々のお陰で、こうして出版することができました。もちろん本書を手にしてくださったあなたにも、心からの感謝を申し上げます。

　マルセイユタロットでの占いを通して、あなたの今後の人生が明るいものになりますように。

2022年11月14日　　藤森　緑

著者紹介

藤森　緑

ふじもり・みどり

1992年からプロ活動を開始し、占い館や占いブース、電話鑑定等で2万人近くを鑑定。雑誌掲載、イベント出演、占い原稿執筆経験も多数。現在、通信教育講座「キャリアカレッジ・ジャパン」にて、タロット占いの講師を受け持ち、日々質問に回答している。著書は20冊以上。主な著書に『実践トート・タロット』『実践タロット占い』（共に説話社）がある。

https://www.fortune-room.net/fuji/

はじめての人のための
らくらくマルセイユタロット入門

2023年5月18日　初版発行

著　者　　藤森　緑

発行者　　高木利幸

発行所　　株式会社　説話社

　　　　　〒 169-8077
　　　　　東京都新宿区西早稲田 1-1-6
　　　　　https://www.setsuwa.co.jp

デザイン　染谷千秋

印刷・製本　中央精版印刷株式会社

落丁本・乱丁本などのお問い合せは弊社販売部へメール
でお願いします。

E-Mail：hanbaibu_s@setsuwa.co.jp

タロット占いのスタートは

ロングセラーの 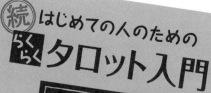 にお任せ！

はじめての人のための
らくらくタロット入門

TEMPERANCE.

説話社

続 はじめての人のための
らくらくタロット入門

ACE of CUPS.

藤森 緑

説話社

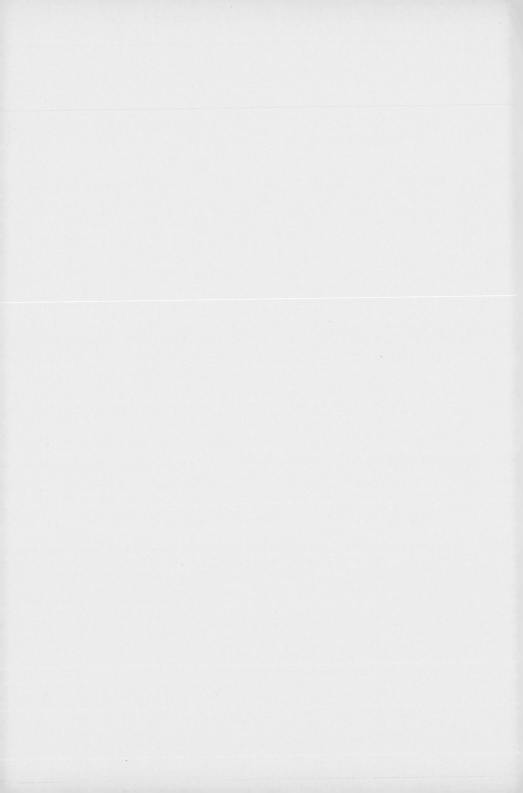